El derecho a la divergencia, la objeción de conciencia.
Historia, características y propuesta para adoptar la figura jurídica, caso para México.

Carlos Ruz Saldívar

Carlos Ruz Saldívar

El derecho a la divergencia, la objeción de conciencia.

Historia, características y propuesta para adoptar la figura jurídica, caso para México.

Editorial: CreateSpace Independent Publishing Platform; 1 edition (June 9, 2013)

Made in the USA. Charleston, SC

" ISBN10/EAN13: 1490364684 / 9781490364681

CreateSpace

eStore: https://www.createspace.com/4312784

https://www.amazon.com/author/carlosruzsaldivar

A mis hijos Emelina y Carlos

A mi amada esposa, Alejandra

A mis padres, Carlos y Emelina, siempre presentes

A Mely y Karla mis hermanas queridas

A Enrique Levet Gorozpe, por su confianza y apoyo

A la Universidad Veracruzana, mi alma máter

Índice general

Introducción.

Por lo general se coincide en la idea de que si queremos mantener el orden social, la ley debe ser obedecida sin cortapisas, y que tanto gobernantes como gobernados debemos respetar lo que la norma nos dicta, sin embargo vivimos en un mundo plural donde la interpretación de lo bueno y lo malo pasa por la visión de la subjetividad, y que día con día se pugna por el reconocimiento de nuevas libertades, creciendo un pensamiento liberal debido en gran medida a los medios de comunicación, las redes sociales, el contacto con otras culturas, la educación y en especial la influencias de otras formas de pensamiento, creando el caldo de cultivo que germina en la producción de nuevas convicciones, el debilitamiento o fortalecimiento de algunas añejas, así como el abandono de viejas prácticas que son rebasadas por los cambios de paradigmas de la sociedad; si a ello le sumamos que en ocasiones, la norma no contiene el sentimiento de justicia que la sociedad, o ciertos grupos de ella esperarían, y que se contrapone a ciertos principios: religiosos, morales o éticos, nos plantea una obligación que puede o no, estar en consonancia con lo que cierto grupos consideran justo, generando un conflicto entre obedecer la norma o los dictados de la propia razón, que llamamos conciencia. Es una realidad que los legisladores, están más ocupados en crear normas tendentes a la protección de bienes materiales, que en proteger a la conciencia de las minorías, Nieto Castillo lo define correctamente al señalar: *En un mundo donde prevale la tutela y protección de los bienes materiales, la conciencia aparentemente pasa a un segundo plano* (Trejo Osornio, 2010, pág. XIV). La objeción de conciencia, es el derecho de negarse a realizar lo que la ley exige, anteponiendo una convicción de tipo personal, es el derecho de un ciudadano a la divergencia del contenido de una norma y su eventual aplicación, pero esta objeción tiene una sutil diferencia con la figura jurídica que en suelos mexicanos conocemos como el amparo, ya que en la objeción la norma no resulta inconstitucional ni es violatoria de las llamadas garantías individuales, sino que simplemente se enfrenta a una resistencia interna en el individuo, un choque con las convicciones del gobernado, que no encuentra asidero en la inconstitucionalidad que protege el juicio de amparo, pues lo ordenado en la norma no es contrario al orden establecido, simplemente se disputa el cumplimiento en el raciocinio, atribuyéndole el calificativo de injusto. Y es que la norma establece el orden social, prescrito y aceptado por la mayoría designando así la conformidad de un acto con el Derecho positivo, no con un ideal supremo y abstracto de lo justo.

El problema de la objeción de conciencia, debe de entendérsele, como el derecho a la propia identidad (Muse Generch), la objeción de conciencia, para otros es una contradicción entre las obligaciones establecidas por el derecho y la moral y, tiene las siguientes características: no persigue la modificación de una ley o una política pública, sino tan solo lograr que se exima de su cumplimiento a quien la objeta, por lo que resulta un acto individual del que se busca el reconocimiento a no cumplir una norma vigente, alegando valores morales (Dieterlen Struck, 1988). Si el Estado debe respetar y promover las libertades de sus ciudadanos, ello es resultado de una evolución histórica que ha ido permeando poco a poco, hasta la obtención de las garantías y derechos humanos que hoy gozamos, por ello María del Carmen Barranco ha señalado: que la forma de entender los derechos humanos ha variado a lo largo de la historia, y que distintas concepciones de lo que es la libertad o los derechos, buscaron su acomodo en el derecho positivo y a la larga lo lograron, pero tal situación no es estática, nuevas ideas surgen y buscan ser reconocidas en un afán de justicia (Barranco Avilés, 2010, pág. 18), porque los derechos forman parte de una justicia extendida. El Estado, tiene el compromiso y la obligación de reconocer esos derechos, que normalmente surgen en grupos minoritarios. Si bien, en diversas normas, se prohíbe la discriminación (Ley federal para prevenir y eliminar la discriminación, 2012), no se contemplan todas las hipótesis ni permite, que ciertos grupos minoritarios puedan oponerse a la aplicación de la norma, cuando su negativa no perjudica a terceros y tienen motivos personales de conciencia para oponerse, por lo que llegan a sentirse discriminados por la sociedad que no comparte su ideología. En las más recientes reformas a la ley que previene la discriminación (abril 2013), tan sólo se ha modificado el artículo 4 de la ley para establecer, la *talla pequeña* (Proyecto de decreto por el que se reforma el artículo 4° de la ley federal para prevenir y eliminar la discriminación, 2013), como causal de discriminación, sin que en verdad exista dentro de los procedimientos previstos en la norma, la figura de la objeción de conciencia. En nuestro país, existe una ausencia casi total de legislación que permita que grupos minoritarios, objeten por razones personales el cumplimiento de la norma, José Luis Soberanes en relación a la objeción de conciencia ha señalado: ... *cuando en México se oye hablar de objeción de conciencia generalmente vienen a nuestra mente anécdotas más o menos pintorescas, en ocasiones dramáticas, de los miembros de alguna o algunas sectas religiosas que prohíben a sus hijos hacer honores a la bandera o recibir una trasfusión sanguínea* (Soberanes Fernández, 1995), ... por lo anterior explica

Soberanes, no es extraño que en la reforma jurídico-religiosa de 1992, quedara expresamente prohibido a los ministros de culto religioso, en el artículo 130 constitucional, inciso e) lo siguiente: *...Tampoco podrán en reunión pública, en actos del culto o de propaganda religiosa, ni en publicaciones de carácter religioso, oponerse a las leyes del país o a sus instituciones, ni agraviar, de cualquier forma, los símbolos patrios* (CONSTITUCION POLITICA DE LOS ESTADOS UNIDOS MEXICANOS QUE REFORMA LA DE 5 DE FEBRERO DE 1857, 2013), la Suprema Corte de Justicia de la Nación ha considerado, que cuando en la interpretación literal de una norma jurídica, se llega a una conclusión incongruente con la Constitución Federal, se deberá elegir otro sistema interpretativo que la haga compatible (Suprema Corte de Justicia de la Nación, 2000), sin embargo en este caso, es la propia Constitución la que prohíbe la objeción de conciencia. Es claro que nuestra Carta Magna, no solo no contempla la objeción de conciencia, sino que la proscribe, en concordancia con este artículo constitucional, el artículo primero, párrafo segundo, de la Ley de Asociaciones Religiosas y Culto Público, de manera dogmatica afirma: *Las convicciones religiosas no eximen en ningún caso del cumplimiento de las leyes del país. Nadie podrá alegar motivos religiosos para evadir las responsabilidades y obligaciones prescritas en las leyes* (Ley de Asociaciones Religiosas y Culto

Público, 2011), por su parte el reglamento de la ley (REGLAMENTO de la Ley de Asociaciones Religiosas y Culto Público., 2003), no contempla ningún procedimiento para que administrativamente sean oídos, por parte de la Secretaría de Gobernación, las objeciones de conciencia de los miembros de los grupos religiosos. Por otra parte, existen grupos religiosos como los adventistas del séptimo día y los judíos ortodoxos, que se oponen a realizar servicio militar porque se realiza en sábado y no cuentan con un cumplimiento alterno. De igual manera, la despenalización del aborto en todo el País y sobre todo en el Distrito Federal, también han generado problemas de objeción de conciencia, ya que el Jefe de Gobierno amenazó con sancionar a aquellos médicos y enfermeras, que se negaran a realizar los abortos autorizados (Trejo Osornio, 2010, pág. XX). Lo anteriormente reseñado, significa que en nuestra Nación, no solo existe una casi total ausencia de la figura jurídica de la objeción de conciencia, es más en materia religiosa, existe la prohibición expresa como lo he señalado, prohibir la oposición ética de los ciudadanos, es una forma de violentar la garantía del libre pensamiento, por ello, siguiendo el pensamiento liberal de otros países, esta figura debe ser objeto de cuidadosa reglamentación legislativa que garantice todas las libertades. El tema si bien añejo, ya que ha sido ampliamente explorado en otros países, por lo que no resulta novedoso, sí resulta actual e importante, atendiendo a la falta de legislación en los Estados Unidos Mexicanos.

Como se señalaba este tema no es nuevo, es más, debo de reconocer que por el contrario es añejo, al grado que ha sido ampliamente discutido e incorporado a las legislaciones en diversas Naciones, pese a ello, aún no ha encontrado el espacio suficiente que le permita plasmarse en la legislación mexicana, en cambio, en otros países se ha convertido en una figura válida como una forma de excepción en la aplicación normativa. En un estado de derecho, debemos respetar la norma, pero también la diversidad de ideas, la garantía de conciencia podría resolver este problema en suelo mexicano, otorgando una herramienta moderna que frene la aplicación de la ley, cuando el individuo no está de acuerdo con su contenido, no causa daños a terceros y no encuentra otra violación de garantías que su propia conciencia. El análisis de esta problemática, justifica no solo la importancia de esta investigación académica, sino además podría proporcionar las bases, de una reforma legislativa reconociendo tales derechos.

CAPÍTULO I. Evolución histórica de los derechos humanos, nacimiento de la objeción de conciencia.

I.   *Idea general del capítulo.*

La objeción de conciencia, forma parte de la lucha de los derechos humanos, por lo que reviste especial interés analizar cómo se han ido gestando los derechos fundamentales, siendo preciso entender el devenir histórico que nos ha hecho modificar los conceptos de derecho, para llegar a lo que hoy se denomina objeción de conciencia. Y es que el análisis del pasado nos permite entender nuestro presente, no es posible de otra manera comprender nuestro entorno, no pocas veces damos por sentado que los privilegios que hoy gozamos, siempre han existido, pero ello no es así, el reconocimiento y acrecentamiento de un catálogo de derechos en pro de todos los miembros de la sociedad, ha recorrido un largo camino de la mano del desarrollo de la misma humanidad, el derecho que regula la vida social ha surgido desde los inicios de la raza humana para establecer esa armonía mínima necesaria para convivir, pero siempre los más fuertes o la mayoría, han impuesto su voluntad a los grupos débiles o minoritarios, hasta que la racionalidad ha convencido a diversos grupos a lo largo de la historia, a entender y respetar las diferencias de pensamiento. En el primer capítulo, haremos un recorrido por la lucha de los derechos humanos y las primeras manifestaciones de lo que podemos llamar, objeción de conciencia, para posteriormente estudiar la reaparición de esa figura jurídica en épocas actuales.

II. Los orígenes de la civilización, nacimiento del derecho.

Las evidencias de las primeras civilizaciones nos dejan una huella clara de un proceso de organización, que permite vislumbrar un orden primigenio, la simple cacería por ejemplo, implica un proceso organizativo para llevarla a cabo con éxito y de forma breve, evitando el ataque de otros animales, y es que las primeras evidencias de los seres humanos, ya sea que se le denomine *hombre de Java*[1], *hombre de Pekín*[2] *o de Cro-Magnon*[3], siempre están asociadas a un grupo, ya que de las especies que habitan nuestro planeta, el ser humano constituye al menos dotado para combatir y cazar, por ello la cacería de los grandes animales ya sea para alimento o por defensa, debía realizarse en forma grupal, la coordinación que se requería es producto de un

---

[1] Hombre de Java, uno de los fósiles más conocidos de Homo erectus, denominado técnicamente *Pithecantropus erectus,* que fue hallado en los valles centrales de la isla de Java. Fuente Microsoft Student Encarta 2008.

[2] Hombre de Pekín, fósil descubierto en la cueva de Zhoukoudian, 42 kilómetros al suroeste de Pekín (China), denominado en un principio *Sinanthropus pekinensis* y conocido hoy como Homo erectus. La UNESCO declaró el lugar del hallazgo Patrimonio cultural de la Humanidad en 1987. Fuente Microsoft Student Encarta 2008.

[3] Hombre de Cro-Magnon, homínido de características muy similares al hombre actual, que pertenece a la subespecie del *Homo sapiens sapiens*. Los hombres de Cro-Magnon vivieron en el oeste y sur de Europa durante la última glaciación. Fuente Microsoft Student Encarta 2008.

orden a respetar, así como la posterior división de las ganancias, si los grupos solo respetaran la fuerza hubieran terminado aniquilándose entre ellos, por el contrario los grupos florecieron y fueron desarrollando formas más avanzadas de cacería y de defensa, dejando vislumbrar que cierto orden debió estar presente tanto en la actividades de caza y recolección como de convivencia en las cuevas. Cuando el hombre se hace sedentario y decide aprovechar las fuentes de agua, para no tener que acarrearlas a las cuevas, debe establecer las primeras aldeas y por consiguiente, es más evidente que existía un orden en las labores habituales, permitiendo aprovechar los recursos e iniciando la siembra y cosecha, derivado de las observaciones que existían estaciones o periodos para realizar determinadas actividades, estos cambios en la vida del grupo están marcados de nueva cuenta con un respeto y orden ya que de otra manera no se podrían entender.

En la mítica Mesopotamia[4], entre los ríos Tigris y Éufrates, surgieron algunos de los primeros asentamientos del mundo, y es probable que fuera en esta zona, donde se construyeron las

---

[4] Mesopotamia (en griego, 'entre ríos'), región que se convirtió en uno de los primeros centros de civilización urbana, situada entre los ríos Tigris y Éufrates, en la zona que en la actualidad ocupan los estados de Irak (principalmente), Irán y Siria. Fuente Microsoft Student Encarta 2008.

primeras ciudades del mundo así como un sistema de canales, todo ello alrededor del año 3250 a.e.c., *la necesidad de organizar el riego, de construir canales y de limpiarlos a intervalos regulares, pronto dio lugar a una auténtica burocracia, con una creciente rama fiscal que, como consecuencia de las conquistas, a menudo se vio complicada con la administración de los tributos de los vencidos* (Margadant, 2007, pág. 25). Antes de Mesopotamia, podemos suponer que existía un orden para los pueblos primitivos, pero después de ellos queda claro que en las ciudades Estado de los sumerios, ya existía una clara organización basada en el derecho, que permitió su florecimiento y también fruto de las evidencias arqueológicas, podemos suponer, que existían una separación entre una clase dominante y el pueblo en general. No podemos afirmar que existían derechos humanos, pero resulta lógico suponer que no solo la fuerza mantenía la cohesión del grupo, también un grado de respeto a los miembros de la sociedad, ya que de otra manera se hubieran desintegrado.

III. El código de Hammurabi.

Para comprender el desarrollo de lo que hoy se consideran derechos fundamentales, debemos de ir al examen de su origen, las llamadas garantías constitucionales conocidas también como garantías individuales, derechos del hombre, derechos fundamentales o derechos de los gobernados, como bien lo señala el extinto Don Juventino Castro, no son fruto de las fuentes formales del derecho sino de las fuentes reales del mismo (Castro, 1996, pág. 3), es decir, no es producto directo del legislador, sino el resultado del reclamo de una sociedad que exige el reconocimiento de un catálogo de derechos, que si bien deben reflejarse en la actividad legislativa, es la sociedad la que obtiene el reconocimiento de las libertades y atributos que se consideran esenciales y que las Constituciones modernas las reconocen, debemos recordar que aún antes de que existieran legisladores ya había derecho u orden, por eso podemos afirmar que la lucha por conseguir el reconocimiento de esas garantías es sumamente antigua y se pierde en el curso de la historia; pese a lo anterior, tenemos algunas referencias más o menos fidedignas que pueden ilustrar la lucha por la igualdad y la libertad. La referencia más antigua que tenemos es el llamado código de Hammurabi, y aunque no pueden darse fechas exactas de su vida y su reinado, se considera que corresponde a un periodo aproximado entre el

1792 hasta el 1750 a.e.c.[5], es una compilación de leyes y edictos de Babilonia, la cual se considera que constituye el código más antiguo conocido, ya que los historiadores lo ubican antes de las leyes bíblicas, una copia esculpida en un bloque de piedra negra de dos metros, fue encontrada por arqueólogos franceses en Susa[6] durante el invierno de 1901 – 1902. El código presenta el origen divino del derecho, ya que en la piedra hay un bajo relieve, en el que el rey aparece recibiendo el código del dios Sol, este origen celestial del derecho será la constante en todos los pueblos y culturas, hasta la ilustración. El texto principia con un prólogo que explica los cultos religiosos de Babilonia y Asiria, posteriormente presenta una guía de procedimientos legales, las penas por acusaciones injustificadas, falso testimonio y errores judiciales; se regulaba también, el derecho de propiedad, los préstamos, depósitos, deudas, propiedad doméstica y derechos familiares. Los artículos sobre daños personales indican que ya existían penas por negligencia, entre ellas la médica, se encuentran también

---

[5] Nota del autor. **a.e.c.** Término que significa antes de la era común, que se ocupa en lugar de A. C. y D.C. ya que estos últimos tienen una connotación religiosa. Con el fin de ocupar un término neutral en esta obra se ocupará a.e.c. (antes de la era común) y e.c. (era común).

[6] Susa (ciudad antigua), uno de los yacimientos arqueológicos más importantes de Oriente Próximo, alberga los restos de la capital del antiguo reino de Elam, situada en las tierras bajas de la llanura de Juzistán, en el suroeste del actual Irán. Fuente: Microsoft Encarta 2008.

otras regulaciones sobre el comercio. El Código en esencia, protege a toda la sociedad babilónica: débiles y menesterosos, mujeres, niños o esclavos contra la injusticia de ricos y poderosos; sin embargo, a decir de Cecilia Ames es posible que el código y el rol de Hammurabi haya sido sobrevaluado, por dos circunstancias: en primer lugar, por el impacto que provocaron en la comunidad científica las características excepcionales de los canales por los que se ha tenido noticia de este gobernante. Por un lado, la colección de leyes hallada tempranamente en su forma monumental, así como las cartas enviadas por Hammurabi a sus oficiales en Larsa[7], que nos informan sobre los vínculos entre el palacio y sus oficiales ubicados en las regiones conquistadas por Babilonia. La segunda circunstancia, está vinculada a las interpretaciones que se han realizado sobre los datos aportados por las colecciones, y el embrujo que produce el estudio asiriológico, y que ocupa un espacio muy amplio en la historia, ya que la literatura asirio – babilónica se ubica desde el tercer milenio a.e.c. hasta principios de la era común; ambas circunstancias pueden haber distorsionado nuestra visión de este rey y su código (Ames, 2009, pág. 66); sin embargo, aun

---

[7] Larsa, fue una ciudad importante en la antigua Mesopotamia, está situada en Irak en la localidad de Senkereh, a unos 250 km al sur de Bagdad. Fuente Microsoft Encarta 2008.

suponiendo que le asista la razón a Cecilia Ames, no por ello podemos negar que el código representa el primer eslabón del que se tiene noticia, que consigna derechos a los súbditos de un pueblo, por lo que parece haber sido elaborado con un pensamiento consciente, reflexivo y por una sociedad evolucionada, donde se reconocían derechos al colectivo que la conforma.

IV.   *La tolerancia religiosa Persa.*

Es en el medio oriente donde surge la cultura como lo he señalado en las primeras líneas de este capítulo, las evidencias históricas nos demuestran el desarrollo y respeto que llegaron a tener algunos pueblos de oriente. En la época en que los Medos[8] dominaban la región de medio oriente, y cuando habían construido un Estado compacto durante el rey Astiages 585 – 550 a.e.c., se toparon con dificultades para mantener su poder, ya que apareció una nueva potencia en su frontera, los persas, los cuales eran provenientes del sur de Irán y estaban encabezados por Ciro, perteneciente a la dinastía de los Aqueménidas, emparentada con los reyes medos, y es que conforme a la mitología y leyenda que envuelve tanto a Medos y Persas, ambos grupos pertenecen a los Arios (Cantú, 2004, pág. 82), alrededor del 550 a.e.c. los persas derrotan a los medos y hacen suyo el imperio, posteriormente alrededor del 547 ó 546 a.e.c., Ciro ataca y toma Lidia (Bright, 2003, pág. 457). En el transcurso de los años siguientes, Ciro decide ampliar su reino hasta zonas de lo que hoy es Afganistán, formando un gran imperio y es probable que estuviera

---

[8] Media (antigua región), antiguo país de Asia, que corresponde a la zona noreste del actual Irán. Sus habitantes, conocidos como medos, y sus vecinos, los persas, hablaban lenguas indoiranias, muy relacionadas con el antiguo persa. Fuente Microsoft Encarta 2008.

preparándose para hacer frente a una dividida Babilonia, lo que por fin ocurre en el 539 a.e.c. (Meyers & Burt, 2011, pág. 218). Cuando los persas tomaron babilonia, los judíos que se encontraban cautivos, fruto de la conquista babilónica al reino de Judá, esperaban la restauración de su reino y al parecer, por los buenos oficios de la diplomacia judía, lograron que Ciro les otorgara la libertad, la evidencia arqueológica de tales hechos se encuentra en el *British Museum*, en el famoso cilindro de Ciro grabado en escritura cuneiforme, el cilindro fue encontrado en 1879 en las excavaciones realizadas en Nínive, en el actual Irak, contiene la proclama posterior a la conquista de Babilonia en el 539 a.e.c. (Sanadjian, 2011). La inscripción describe la política de tolerancia religiosa de Ciro y el permiso para que los deportados regresen a sus hogares y reconstruyan sus ruinas religiosas. Por lo que la narración de la Tanaj[9] relativa a la salida de los judíos de babilonia y la reconstrucción del templo, resulta verídica y comprobable, por lo que podemos suponer que en el 539 a.e.c., inició el retorno a la tierra de Judá (Meyers & Burt, 2011, pág. 217).

---

[9] Nota del autor. Corresponde a la gran mayoría de los libros que constituyen el llamado Antiguo Testamento de la Biblia cristiana.

Del soporte económico y la tolerancia religiosa de los reyes Persas, podemos suponer que entendieron cabalmente que el clima de felicidad de los pueblos no se obtiene por la fuerza, que la imposición de costumbres, lengua y religión, crea infelicidad que no permite la integración y desarrollo de los pueblos, menos aún facilita la interacción con los conquistadores para el logro de los objetivos, parecía que existía un sistema de valores desarrollados por parte de los Persas y que apoyaron las reconstrucciones de los pueblos y de sus templos, siempre y cuando sirviera a la integración de sus propósitos, ya que el aspecto religioso, es un sistema de integración básico para las sociedades antiguas y todavía ejerce cierta influencia en las modernas, pues permite integrar un sistema de valores y respeto, seguramente los Persas tuvieron a su Max Weber y entendieron la importancia de este soporte. Sobre todo en el caso de Darío I, ya que él asume el poder en un clima de revueltas dado que a partir del 522 a.e.c. (Bright, 2003, pág. 475), el imperio persa sufría una convulsión que amenazaba con desintegrarlo, si bien logra la victoria derrotando a los opositores, es natural y lógico que en el reino se vivía un clima de inquietud y descontento. Por ello Darío inicia una campaña de relaciones públicas, dando publicidad y minimizando los eventos contrarios a su reino, lo que se puede apreciar en la inscripción en tres lenguas de la roca de Belaistún o

Behistún, esculpida en la roca en escritura cuneiforme, y que se encuentra situada en la localidad de Behistún al oeste de Irán. La inscripción aparece en columnas paralelas que repiten el mismo texto en persa antiguo, asirio y elamita, el texto habla de la victoria de Darío I sobre Gaumata, de esta traducción tenemos conocimiento cuando en 1849, el asiriólogo británico sir Henry Creswicke Rawlinson descifró el texto persa (Microsof Encarta 2008. 1993 - 2007, 2008). Darío con el fin de lograr que los pueblos dominados estuvieran tranquilos y sobre todo, que no se unieran a los rebeldes, decide confirmar el decreto de Ciro encontrado en los archivos de Ecbátana y además, proporcionando los recursos para cubrir tales gastos y no existiera impedimento alguno para el culto, por lo que las obras de reconstrucción del templo judío, es probable que finalizaran en el 515 a.e.c. en lo que hoy sería el mes de marzo (Bright, 2003, pág. 479).

La evidencia del respeto persa a las costumbres religiosas judías, sienta el primer precedente de tolerancia religiosa del que se tenga memoria, la mayoría de los pueblos antiguos imponían al conquistado su religión y costumbres, pero es probable que dado el gran apego judío a su religión, hubieran logrado este respeto. Sin embargo no significaba en sentido estricto el primer evento de objeción de conciencia, sino un mecanismo para lograr la paz con los pueblos dominados, y que posteriormente sentaría las bases, para que en el pueblo judío se ejerciera el derecho a la objeción de conciencia con los romanos, como lo veremos más adelante.

V.   El derecho griego.

La cultura denominada helénica, surge de la zona que hoy es conocida como la península griega, con la migración entre los años 3000 – 1200 a.e.c. de algunos grupos indoeuropeos procedente del Cáucaso, denominados: jonios, eolios, aqueos y dorios, si bien estos grupos mantenían cierta independencia y combatieron entre ellos, compartían una lengua similar, religión y un estilo de vida por lo que a la larga fueron identificados como griegos o helenos , ya sea que se mantuvieran en suelo continental o en las islas y litorales del mar egeo y el mediterráneo. El derecho que proviene de la antigua Grecia, se divide en dos el *Themis,* el cual corresponde al derecho de cada familia, así como el *diké,* que regula las relaciones entre los clanes que integran el grupo social mayor (Echeagaray, 2006, págs. 13 - 14), el primero es un derecho que se forma con las costumbre del clan imponiendo un orden que daba seguridad y estabilidad al grupo, se regulaban las relaciones internas principalmente delitos del tipo penal y religioso, con cierto grado de evolución, sin embargo aún imponían penas trascendentales, *la solidaridad entre sus miembros es absoluta: de darse un crimen, por ejemplo, los parientes del victimario son igualmente responsables ante los de la víctima, los cuales están facultados a vengar directamente la afrenta y exigir la reparación del daño* (Echeagaray, 2006, pág.

13), contrasta este dato con la evolución de derechos más antiguos donde ya no se practicaban las penas trascendentales, como veremos más adelante, por lo que sin denigrar el derecho griego podemos afirmar que no era del todo tan avanzado como algunos suponen. Por otra parte, el derecho denominado *diké*, corresponde a una especie de derecho internacional, ya que con estas normas se realizaban tratados de amistad entre dos o más clanes, el cual se va modificando con el comercio, los griegos mantuvieron un derecho eminentemente pragmático basado en el comercio, y aunque no se destaca el derecho privado, la ley ya aparece como limitativa del poder arbitrario, *Las leyes son, pues, instrucciones dadas al magistrado con objeto de proteger al individuo en contra de esa arbitrariedad* (Echeagaray, 2006, pág. 15), así el derecho griego inicia en el mundo occidental, las bases para el respeto de los individuos, no sobre una base jurídica como hoy la conocemos, ya que su plataforma ideología fue la filosofía y no el derecho como tal, sin embargo abre una brecha para el respeto de sus ciudadanos, no son las primeras normas de este tipo pero sí las más conocidas principalmente por la admiración que los romanos les tuvieron.

Se dice en algunos círculos académicos, que el origen de la objeción de conciencia surge con los griegos, por la tragedia de *Antígona* escrita por Sófocles[10], en la cual Antígona[11] da sepultura a su hermano Polinices, en contra de las órdenes del Rey Creonte, el diálogo de la tragedia en la parte que nos interesa es el siguiente:

Creonte

Tú, tú que miras al suelo, ¿afirmas o niegas haber hecho esto?

Antígona

Lo afirmo y no tengo por qué negarlo.

Creonte

Tú vete donde quieras; quedas libre de grave acusación. (Se va el guardia.) Y tú, dime sin rodeos, con una palabra: ¿sabías que estaba prohibido hacer esto?

Antígona

Lo sabía. ¿Cómo podía ignorarlo? Bien claro estaba.

Creonte

---

[10] Sófocles (c. 496-c. 406 a.e.c.), uno de los tres grandes dramaturgos de la antigua Atenas, junto con Esquilo y Eurípides. Fuente: Microsoft Encarta 2008.

[11] Antígona, en la mitología griega, hija de Edipo, rey de Tebas, y de la reina Yocasta. Antígona acompañó a su padre en el exilio pero volvió a Tebas después de su muerte. En una discusión sobre el trono, sus hermanos Eteocles y Polinices perdieron la vida uno a manos del otro. El nuevo rey, Creonte, dio honrosa sepultura a Eteocles pero ordenó que el cuerpo de Polinices, a quien consideraba un traidor, permaneciera donde había caído. Antígona, creyendo que la ley divina debía ser anterior a los decretos terrenales, enterró a su hermano. Creonte la condenó a ser enterrada viva. Ella se colgó en la tumba, y su desconsolado amante, Hemón, hijo de Creonte, se suicidó. Antígona fue el tema de tragedias del dramaturgo griego Sófocles y en el siglo XX del dramaturgo francés Jean Anouilh. Fuente: Microsoft Encarta 2008.

¿Y así te has atrevido a pasar por encima de estas leyes?

Antígona

Sí, porque no era Zeus el que me ordenaba esto, ni la Justicia que habita con los dioses de abajo; estos no han establecido tales leyes entre los hombres. Y porque juzgué que tus decretos no tenían tanto poder que, siendo tú mortal, pudieras pasar por encima de las leyes no escritas e inquebrantables de los dioses. Porque éstas no son de ahora ni son de ayer, sino que tienen vigencia eterna y nadie sabe cuándo aparecieron. No iba yo a sufrir el castigo divino infringiendo éstas por temor a la arrogancia de hombre alguno. Que había de morir ya lo sabía. ¿Cómo no? Aunque tú no lo hubieses anunciado antes. Y si muero antes de tiempo, a esto le llamo yo ganancia. Porque el que vive como yo en medio de muchos infortunios, ¿cómo no habrá de ganar muriendo? Por eso de ninguna manera me resulta doloroso obtener esta suerte. Pero si dejara insepulto el cadáver de mi hermano muerto, por eso sí me dolería. Por esto no me aflijo. Y si ahora te parezco que hago cosas necias, mira que no sea yo acusada de necedad por un necio (Sófocles, 2009, págs. 84 - 85).

En el diálogo de Antígona, podemos descubrir que ella señala dos clases de leyes: las eternas e inmutables de los dioses, y las escritas y positivas de los hombres, por lo que no parece revelarse un caso claro de objeción de conciencia, más bien se hace una comparación entre las leyes de los hombres y el derecho natural que proviene de los dioses, José Antonio Souto Paz, también coincide en esta idea al afirmar: *Antígona no invoca su conciencia para justificar su actuación, sino la superioridad de las leyes divinas sobre las leyes humanas* (Trejo Osornio, 2010, pág. 30) y es que en el derecho griego, ... *el concepto de derecho natural estaba asociado con las leyes divinas o con las leyes de la naturaleza* (Cisneros Farías, 2000, pág. 146). Amén de lo anterior y con independencia de estar o no de acuerdo, que la tragedia de Antígona constituya una objeción de conciencia, no corresponde al primer ejemplo de esta figura jurídica, como veremos más adelante (34).

Pero además, aunque el derecho griego protegía a sus ciudadanos, era necesario que se adoptara la cultura helénica para obtener sus beneficios, porque los griegos – macedonios a diferencia de los persas, resultaron intolerantes religiosos. El ejemplo de ello una vez más procede de medio oriente, con los judíos, ya que posterior a la derrota de los persas en manos de Alexandro Magno, trajo consecuencias importantes en la vida judía, Alexandro conquistó Judá en el 332 a.e.c. (Levine, 2011, pág. 237), pasando de ser sometidos de los persas a los Griegos – Macedonios, pero la diferencia fue significativa, ya habíamos anotado la ventaja que representaba la libertad religiosa que mantenían los persas, que el propio Ciro y posteriormente Darío I, no solo permitirían sino cubrirían fuertes erogaciones para consentir el culto de los dioses de los pueblos dominados y su propia cultura, no sin cierta influencia u obteniendo alguna ventaja, pero en esencia los persas se conformaban con la lealtad a su reino y el pago de impuestos, en lo concerniente a la religión y cultura se notaba un grado de respeto. En el caso de Alexandro no sería igual, a pesar de no haber sido griego sino macedonio, no debemos olvidar que fue alumno del propio Aristóteles[12], quien le inculcó la cultura griega y la pasión por la misma, por lo que al parecer Alexandro decidió propagar la forma de vida helénica, sus instituciones, lengua normas e ideas, lo que los historiadores llaman Helenismo. Los nuevos conquistadores estaban dispuestos a crear una cultura de tipo griega en toda las zonas de conquista e influencia, ya que tenían cierto desprecio o prejuicio a otras culturas considerando superior la propia, por lo que fundaron nuevas ciudades de tipo griego y las que reconstruyeron lo hicieron bajo ese modelo, la cultura implica desde luego el aspecto religioso, los dioses griegos impregnaron en las ciudades y panteones, pero el principal medio de difusión de la cultura lo

---

[12] Aristóteles (384-322 a.C.), filósofo y científico griego, considerado, junto a Platón y Sócrates, como uno de los pensadores más destacados de la antigua filosofía griega y posiblemente el más influyente en el conjunto de toda la filosofía occidental. Fuente: Microsoft Encarta 2008.

fueron las escuelas y el entretenimiento, la educación y los famosos teatros griegos proliferaron en todos los territorios dominados.

Al parecer los grupos religiosos judíos siempre presentaron una oposición al helenismo, ya que el grueso de la población mantenía su identidad con la tradición y los valores del judaísmo, por lo que solamente se requería la chispa que iniciara el enfrentamiento final entre Helenismo y Judaísmo, esa chispa inició entre el 168 ó 167 a.e.c. con la prohibición de las prácticas judías, ello ocurrió cuando los seléucidas se establecieron de manera permanente en Jerusalén y de pronto en el 167 en lo que hoy sería diciembre y kislev en el calendario hebreo, los invasores iniciaron una persecución religiosa prohibiendo las costumbres judías, no podían observar los mandamientos, realizar circuncisiones, estudiar o poseer una Torah, observar el Shabat y otras fiestas, así como la nueva obligación de adorar a los ídolos de los invasores y construir sus altares (Levine, 2011, págs. 244 - 249). Tolerar al invasor, convivir con ellos, negociar e inclusive imitar su forma de vida era aceptable para la mayoría, pero atentar contra su propia identidad y el medio de cohesión que los había mantenido unidos durante casi 1500 años era lo último que podían soportar, la chispa de la rebelión incendió la yesca del nacionalismo judío en el 166 a.e.c. e inició la guerra, la organización de esta iniciativa y defensa del judaísmo estuvo a cargo del sacerdote Matatías y sus cinco hijos, llamados los Macabeos y un grupo religioso tradicional conocido como los Hasidim, predecesores de los fariseos y no relacionados con los modernos Hasidim (Jewish Virtual Library, 2000). Las batallas en contra de los seléucidas fueron a favor de los Macabeos quienes confiscaban las armas y expandían sus fuerzas de ataque, Bright nos cuenta que afortunadamente para los judíos, Antíoco estaba en el 165 a.e.c. en una campaña contra el Imperio Parto, quienes desde el 250 a.e.c. habían iniciado la guerra a los Seléucidas por la toma de Mesopotamia, y los combates se habían endurecido por lo que Antíoco no podía enviar su principal ejército, pero aún así envío una fuerza considerable. Judas Macabeo con un plan estratégico tomó ventaja con el factor sorpresa, atacando el campamento enemigo cuando parte de sus fuerzas estaban ausentes. Al año siguiente en el 164, los seléucidas arremeten con una fuerza mayor, pero es probable que fuera un ejército improvisado por lo que justo en la frontera fueron recibidos por los judíos quienes les propinaron una derrota aplastante. Los Macabeos entusiasmados con sus triunfos, en el 164 a.e.c. en el mes judío de Kislev, alrededor del diciembre del calendario gregoriano, tres años después del inicio de la persecución religiosa, culminó la revolución cuando las tropas de Judá Macabeo atacaron por sorpresa la guarnición en

Jerusalén, capturaron la ciudad, purificaron el templo y restituyeron las actividades religiosas, el triunfo y la liberación del templo aún se celebra con la fiesta de Jánuca, además de que la línea de sumos sacerdotes fue reemplazada por la familia de los Macabeos, iniciando la dinastía conocida como Hasmoneos, nombre de la familia de sus ancestros (Bright, 2003, pág. 548).

El ejemplo reseñado, nos demuestra que cuando las leyes se imponen a los ciudadanos, y no son reflejo de las costumbres o creencias, dan como resultado un clima de insatisfacción, que si no es controlado generará una rebelión, por lo que el respeto de las libertades es el mejor camino que puede seguir cualquier reino o nación si es que desea perpetuarse. Los griegos, si bien fueron unas de las culturas que mayor influencia generaron, no mantenían una tolerancia religiosa, por lo que difícilmente, podrían ser el más antiguo dato de objeción de conciencia como algunos suponen.

VI.   El caso romano.

Otro ejemplo documentado por la lucha de los derechos humanos, es el que nos proporciona Guillermo Floris Margadant quien señala que en el año 510 a.e.c., en la antigua Roma, los plebeyos se sentían incómodos ante la falta de seguridad y garantías por lo que decidieron retirarse al Monte Aventino[13], a donde acudió un embajador del senado, Menenio Agripa, a tratar de convencerlos de que regresaran a Roma a cambio de otorgarles un representante, y lo logró, por lo que a partir de esa fecha tuvieron el famoso tribuno de la plebe (Margadant S., 1995, pág. 32), pero ello no significó iguales derechos para los plebeyos, sino que tan sólo fue el comienzo de una lucha larga, Agustín y Beatriz Bravo, nos ilustran que cuando Roma empieza a transitar de ser una ciudad para convertirse en un poderoso imperio, no sólo otorga el Senado al tribuno de la plebe que hemos señalado, sino que en el año 367 a.e.c. los plebeyos obtuvieron el consulado, ya en el 337 a.e.c., un plebeyo se convierte en pretor, un puesto de Magistrado en la antigua Roma, hasta que en el año 254 a.e.c., cuando Tiberio Coruncanio es elevado a la dignidad de

---

[13] Una de las siete colinas de Roma, antiguamente era el centro de la Roma plebeya. Fuente: http://www.roma.es/visitar-roma/el-monte-aventino-el-monte-celio-y-caracalla/; consultado 02 – Junio – 2012.

pontífice[14], ya había igualdad entre patricios y plebeyos (Bravo González & Bravo Valdés, 2007, pág. 46).

Además de lo anterior, los romanos al implantar la equidad buscaban la realización de la igualdad social, no se desconocían las exigencias del *ius*, pero se admitían situaciones de excepción, analizando las causas personales para hacer del derecho algo equitativo; esta idea de preferir la equidad a lo dispuesto en la ley, es probable que se haya elaborado desde el *praetor peregrinus* y reforzado con Cicerón[15], basado en la praxis de los juicios considerados injustos, según la creencia de la antigüedad, y que fueron formulados por siglos en las confrontaciones del *ius* con situaciones reales. En el período posclásico, el emperador Constantino, según una Constitución del año 314 reafirmó el predominio del principio de justicia sobre el derecho positivo, disponiendo que *en todas las cosas fuese más atendible la razón de justicia y de equidad que la de estricto derecho* (Louzán de Solimano, 2011), y en las postrimerías de ese período la equidad

---

[14] Pontífice, del latín *pontifex*, magistrado sacerdotal que presidía los ritos y ceremonias religiosas en la antigua Roma. Fuente Microsoft Encarta 2008.

[15] Marco Tulio Cicerón (106-43 a.C.), escritor, político y orador romano. Aunque su carrera política fue notable, Cicerón es especialmente conocido como el orador más elocuente de Roma y como hombre de letras. Nació en Arpinum (actualmente Arpino, Italia) y en su juventud estudió derecho, oratoria, literatura y filosofía en Roma. Fuente Microsoft Encarta 2008.

se identificó con el derecho natural, en los conceptos de *benignitas, humanitas, pietas y caritas.*

Aunque los romanos, al igual que los griegos, no daban el mismo trato a quienes no eran ciudadanos, la igualdad de derechos entre todos sus miembros fue reconocida, existe además, evidencia bien documentada de la objeción de conciencia, pero no fue propia del sistema jurídico romano, sino una exigencia de un pueblo dominado, Israel, el cual analizaremos más adelante.

VII.   *Israel, la primera evidencia de la objeción de conciencia.*

En el caso de Israel, he decidido no respetar un orden cronológico de aparición y lo he reservado por ser el más adelantado del mundo antiguo, permitiendo que el lector lo pueda contrastar con lo señalado del derecho griego, así como del romano que resultan posteriores en la historia, además porque nos aporta las primeras evidencias de objeción de conciencia de las que se tenga memoria, permitiendo cerrar este primer capítulo, demostrando que la figura jurídica de la objeción de conciencia, es sumamente antigua.

Quizás la historia más conocida e impactante por la lucha de derechos de una sociedad, es la del pueblo hebreo y su salida de Egipto alrededor del año 1550 a.e.c., en lo que se conoce como el éxodo, he señalado en un artículo (Ruz Saldívar, Israel, la base del derecho penal occidental, Septiembre - Noviembre 2010), que la norma que deriva de Israel contiene principios universalmente aceptados como norma de convivencia, y que han sido adoptados por la conciencia de todas las sociedades modernas, representa igualmente, la universalidad de la lucha de los derechos de libertad, la del pueblo hebreo y su salida de Egipto en lo que se conoce como el éxodo, este evento dio a los hebreos una identidad, una nación, un fundador, un nombre, pero sobre todo leyes, no únicamente religiosas, sino de convivencia que son modelo para la humanidad y constituyen, las raíces del derecho penal occidental, ya que aporta elementos de relevancia en cuanto a la teoría de la pena y la introducción del carácter pecuniario. Si se considera que estas normas escritas, aparecieron entre el 1550 – 1250, o aún alrededor del siglo X ó VI (cómo señalan algunos) antes de la era común, sin ser las más antiguas, son las más desarrolladas de las que tengamos evidencia para este periodo (Ruz Saldívar, El legado del antiguo Israel, Julio 2012), e ilustran la lucha de un pueblo por su derecho a la libertad, la tierra y lo más importante, el sometimiento a un orden, en busca de la convivencia y la armonía. La salida de Egipto es una lucha por la libertad de un pueblo oprimido, su independencia ha salido del anonimato, se cuenta y repite cada año, tanto por judíos como por quienes no lo son, pero además, en la migración de Egipto a Canaán el pueblo se transforma en un pueblo de normas, ya que recibe la Torah[16], y en la frase hebrea *naasé venishma*, así lo haremos y escucharemos[17] (Laor, 2010), que fue pronunciada por el pueblo, según la tradición judía, al recibir y escuchar la Torah, se encierra solemnemente el

---

[16] Nota del autor, la palabra Torah significa ley.

[17] Nota del autor. Traducción efectuada del hebreo al castellano por David Laor.

compromiso para someterse a un orden jurídico, no únicamente religioso, sino de convivencia que son modelo para la humanidad, por ello para otros académicos que comparten esta visión, las raíces del Derecho penal occidental están en el pueblo de Israel (Pérez del Valle, 2008, pág. 58). Algunos otros autores al hacer referencia al derecho de Israel, nos hablan de una ley divina, y una función judicial ejercida en nombre de la Divinidad por sus representantes en la tierra, pero quien lea estas líneas, no debe pensar que el Derecho penal del antiguo Israel es una regulación de delitos contra la religión, es más que eso, ya que constituye un ordenamiento penal de la vida pública. Lo más conocido de esta época es la llamada ley del talión, hoy duramente criticada por algunos sectores en la academia y el humanismo, pero cuyo aspecto más característico no es la venganza, como los críticos piensan, sino la justa retribución al hacer sufrir al delincuente un daño igual al que causó, lo que ya aporta elementos de relevancia en cuanto a la teoría de la pena y su posterior desarrollo, pues no es un castigo excesivo, sino que guarda proporción con el que se infringió, además no son de las llamadas penas trascendentales[18], ya que las penas de la ley del talión sólo se aplicaban al delincuente no a su familia, lo que se ilustra en lo dispuesto en

---

[18] Son penas trascendentales aquellas que recaen en la familia de la persona a la cual se le imponen, es decir, van más allá del delincuente.

Deuteronomio 24: 16 *Los padres no morirán por los hijos, ni los hijos por los padres; cada uno morirá por su pecado* (La Biblia Reina - Valera, 1960)[19], superando al antiguo derecho griego, siendo además más antiguo, inclusive en un derecho tan arcaico como el hebreo se introduce el carácter pecuniario, pues obliga al pago en caso que los daños fueron ocasionados por los animales del vecino, para ilustrar lo avanzado de esta norma no trascendental, debemos señalar que fueron abolidas en nuestro sistema legal hasta hace muy poco, ya que ocurrió hasta la Constitución de Cádiz de 1812 (Islas de González Mariscal & Carbonell, 2007, pág. 82), se configura entonces en el derecho

---

[19] Nota del autor, las citas que de la Biblia aparecen en este trabajo, corresponden a una seria investigación académica, ya que las evidencias históricas y arqueológicas comprueban que los datos señalados en dicho libro, son fuente confiable de hipótesis históricas, argumento que comparten destacados investigadores internacionales, como Hershel Shanks, quien ha afirmado cuando se cuestiona la biblia, que muchas ciudades antiguas se han descubierto debido a la referencia de la biblia y ha sido categórico al afirmar cuando alguien duda de ella: *No puedo encontrar ninguna base para hacerlo, salvo un cierto prejuicio en contra de la Biblia.* (Shanks, Jul/Aug 2011), por su parte Egge y Derendinger le dan valor a las referencias bíblicas por su comprobación de hechos (Eggers Brass & Derendinger, 2010, pág. 72), similar opinión es la de Kyle Mc Carter quien asevera, que muchos eruditos se han convencido que las historias de la biblia, contienen auténticos detalles preservados desde el tiempo de su origen (Mc Carter, 2011, pág. 7). Jeffrey Chadwick nos dice, que el propósito de la arqueología bíblica es ser la intersección de la investigación científica arqueológica y el estudio histórico de los textos bíblicos. Su objetivo es ayudar a iluminar e ilustrar el fondo físico y la cultura material de la Biblia (Chadwick, Sep/Oct 2005), de igual manera se expresa Bright al considerar la biblia como una fuente de información y no un mero relato religioso (Bright, 2003, págs. 174 - 175).

hebreo un orden de redención que, aunque no está desconectado totalmente de la retribución derivada de la Justicia divina, es administrado y asumido por el mismo pueblo de Israel; en las culturas antiguas la aplicación de la justicia era siempre manejada por la clase sacerdotal, lo relevante es que en el pueblo de Israel la justicia se aplicaba no por sacerdotes, sino por jueces, los que tenían competencia por grado, millares, centena y decena, según se aprecia en el llamado libro del Éxodo 18:25 (La Biblia Reina - Valera, 1960); por lo que se vislumbra un derecho bien estructurado, que se aparta de la mera venganza divina que ejercían otros pueblos y además, una jerarquía de jueces civiles que impartían justicia.

Para Francisco González, en Israel, la justicia *se refleja en el orden social como aspiración ideal, como supremo anhelo, para conseguir la perfección individual y social mediante su cumplimiento por los súbditos y su observancia por el legislador* (González Diaz Lombardo, 2006, pág. 87) y es que no solamente se limita a evitar las penas trascendentales, sino que además introduce una idea revolucionaria no solo para su época, sino inclusive para nuestros días, al iniciar casas de refugios para que personas sujetas a un proceso puedan gozar de la libertad en lo que se decide su causa; el gozar de esa libertad en lo que se decide el juicio, es algo muy cercano a la figura jurídica que hoy llamamos en México amparo, y en otros países *Habeas corpus*[20], permitiendo que en ciudades de refugio se puedan ubicar a los que por error maten a otro, es decir, reconoce el delito culposo separándolo del doloso y permitiendo la libertad de los responsables, atento a lo que se dispone en números 35:11, que a la letra señala: *Os señalaréis ciudades, ciudades de acogimiento tendréis, donde huya el homicida que hiriere a alguno de muerte por yerro.* Situación que se confirma en Josué 20:03 – 06, *Para que se acoja allí al homicida que matare a alguno por yerro y no a sabiendas; que os sean por acogimiento del cercano al muerto ... y quedará en aquella ciudad hasta que comparezca en juicio delante de la congregación ...* (La Biblia Reina - Valera, 1960).

Pero el desarrollo jurídico de Israel no solamente nos hereda la base del derecho penal y la idea del amparo, sino además tenemos las primeras evidencias de la objeción de conciencia. En el llamado libro de Deuteronomio 20: 05 – 08, que los eruditos consideran se escribió en alguna fecha entre el periodo que va

---

[20] Hábeas corpus, procedimiento destinado a la protección del derecho a la libertad personal, por el que se trata de impedir que la autoridad o alguno de sus agentes pueda prolongar de forma arbitraria la detención o la prisión de un ciudadano. A través del hábeas corpus, una persona privada de libertad puede obtener su inmediata puesta a disposición de la autoridad judicial competente, que resolverá acerca de la legalidad o no de la detención. Fuente Microsoft Encarta 2008.

entre los siglos XII al IX a.e.c. (Rollston, May/Jun 2012), encontramos disposiciones sobre la guerra y un permiso para exentarse de la misma, texto que a la letra señala: *Y los oficiales hablarán al pueblo, diciendo: ¿Quién ha edificado casa nueva, y no la ha estrenado? Vaya, y vuélvase a su casa, no sea que muera en la batalla, y algún otro la estrene. ¿Y quién ha plantado viña, y no ha disfrutado de ella? Vaya, y vuélvase a su casa, no sea que muera en la batalla, y algún otro la disfrute. ¿Y quién se ha desposado con mujer, y no la ha tomado? Vaya, y vuélvase a su casa, no sea que muera en la batalla, y algún otro la tome. Y volverán los oficiales a hablar al pueblo, y dirán: ¿Quién es hombre medroso y pusilánime? Vaya, y vuélvase a su casa, y no apoque el corazón de sus hermanos, como el corazón suyo.* En el mismo libro, en el capítulo 24:05 podemos apreciar que se reitera la instrucción: *Cuando alguno fuere recién casado, no saldrá a la guerra, ni en ninguna cosa se le ocupará; libre estará en su casa por un año, para alegrar a la mujer que tomó* (La Biblia Reina - Valera, 1960). Las disposiciones señaladas, indican condiciones que permitían solicitar la exención para acudir a la guerra, por lo que desde el inicio los israelitas gozaban de normas para oponerse a esa obligación.

Posteriormente, durante el periodo Hasmoneo que va del 142 al 37 a.e.c. (Levine, 2011, pág. 283), y en especial en el periodo de la reina Alejandra Salomé, cuya muerte ocurrió según Holtzmann y Oncken en el 69 a.e.c. (Holtzmann & Oncken, 1918, pág. 274), se tomaron mercenarios extranjeros para que los judíos no tuvieran que cubrir una carga militar y faltar a sus obligaciones religiosas, es de todos conocidos que las costumbres judías y en especial su religión, tienen un lugar especial en el pueblo, por lo que el respeto del Shabat[21], como la fiesta más importante judía, les impide a los más religiosos realizar ciertas actividades físicas, entre ellas la guerra, razón por lo que se tiene el dato histórico que desde las fechas señaladas, ya los judíos ejercían cierta objeción de conciencia para no acudir a la guerra. Posteriormente con la invasión romana, los judíos lucharon por mantener los derechos de la objeción de conciencia y no ser tomados en cuenta en la guerra durante el Shabat, así como que se respetaran sus creencias religiosas, Julio César, debido al apoyo judío en la toma de Egipto, ya que sin el soporte de víveres y el apoyo militar extra, la empresa hubiera sido casi imposible, ratificó el derecho a las prácticas religiosas judías y además también eximió a los judíos del acantonamiento de las tropas en invierno, prohibió las extorsiones y ordenó que el pago de impuestos para Roma contemplara las particularidades de la ley judía, exceptuando el

---

[21] Nota del autor. Es el equivalente al sábado, aunque abarca desde la parte obscura del viernes a la parte obscura del sábado.

año sabático de contribuciones ya que la tierra no producía, se les exentó del servicio de las armas, respetando que las leyes del Shabat no les permitirían realizar actividades en ese día (Holtzmann & Oncken, 1918, págs. 277, 286 - 290), el decreto de Julio César ocurrió alrededor del año 47 a.e.c., cuando llega a Judea con el fin de tomar Egipto (Cohen, 2011, pág. 289), pero este logro de la diplomacia y el reconocimiento de la objeción de conciencia por parte de los romanos se perdió pronto, ya que el 15 de marzo del 44 a.e.c. César fue asesinado, y las cosas cambiarían para los judíos (Holtzmann & Oncken, 1918, págs. 277, 286 - 290).

Aunque la objeción de conciencia para no participar en la guerra, aparece por primera ocasión en el libro del Deuteronomio (entre los siglos XII al IX a.e.c. (Rollston, May/Jun 2012)), que posteriormente con la reina Alejandra Salomé alrededor del 69 a.e.c. vuelve a aparecer y ahora con mayor claridad, y que dicha situación fuera reconocida y ratificada por el propio Julio César, alrededor del 47 a.e.c., se perdió en los anales de la historia y no la volvemos a ver hasta tiempos modernos. Los judíos la recuperaron una vez que se formalizó el nuevo Estado de Israel, permitiendo a los grupos más ortodoxos no ser tomados en cuenta para las armas (Cole & Kaplan, 2006), situación que se aún se discute y que al parecer, un proyecto de ley aprobado por el

Gobierno de Benjamín Netanyahu, *provocará un gran cambio en la sociedad israelí: los jóvenes ultraortodoxos deberán cumplir el servicio militar obligatorio a partir del 2017* (Emergui, 2013), quedando exentos del servicio militar tan sólo un número reducido de estudiantes de la Torah; pero aún se mantiene ese derecho a no participar de las acciones militares.

VIII.   Reflexiones del capítulo.

Hablar de derechos humanos fundamentales, nos lleva a cuestionarnos cuales han sido los valores que la sociedad acepta como tal, y entonces, unas de las preguntas torales sería: ¿cómo inician las bases de una vida en común?, pero además, ¿cómo hacer que esa convivencia en común, se encuentre caracterizada por un profundo respeto a todos sus miembros?, que no distinga raza, color, preferencias de ningún tipo, religión, nacimiento, nacionalidad y sexo. Para Wilhelm Wundt[22], el comienzo de la vida civilizada está caracterizado por la búsqueda de cubrir necesidades básicas, siendo entonces, el primer elemento aglutinador de los seres humanos y el punto de partida de la evolución social, el grupo una vez conformado, empieza a tomar decisiones a partir de la observación de que estar unidos significa una ventaja, por lo que estar juntos no fue una situación casual,

---

[22] Wilhelm Wundt (1832-1920), psicólogo alemán, considerado el fundador de la psicología como ciencia independiente. Creó en la ciudad alemana de Leipzig el primer instituto de psicología del mundo, en el que formó a toda una generación de científicos. Nacido en Neckarau (que hoy forma parte de la ciudad de Mannheim), estudió medicina en las universidades de Tubinga y Heidelberg, y se doctoró en el Instituto de Fisiología de Berlín. Wundt presentó el primer curso académico de psicología en 1862 y fundó el primer Laboratorio de Psicología Experimental en 1879, primer instituto universitario de esta nueva ciencia en el mundo. También editó la primera revista sobre el tema, *Philosophische Studien (Estudios filosóficos)*, en 1881. Fuente Microsoft Encarta 2008.

sino una reflexión consciente y estructurada que les permitía a los grupos primitivos, obtener los productos para sobrevivir: alimentos, calzado, vestido, un lugar donde vivir, etc., pero además, la necesidad de defenderse y sobre todo, reproducirse formando su propia familia que mientras más numerosa, más fuerza, poder e influencia ganaba dentro del grupo y en las sociedades vecinas. Pero si estos grupos sólo hubieran respetado la fuerza sin un orden y sentido, hubiera reinado la anarquía en una lucha inagotable por el poder. Helmut Schoek[23], nos plantea otra pregunta importante, *¿cómo se llegó a la socialización, a la sumisión de unos individuos libres a un sistema de controles sociales y de coacción social?* (Serra Rojas, Ciencia Política. La proyección actual de la Teoría General del Estado, 2005, pág. 33), y podríamos añadir, ¿cómo hacer que esos controles sociales sean justos para todos?, la respuesta que salta a la vista cómo lo señalamos en las líneas que anteceden, es que si el hombre desde que nace vive en sociedad, y que en ninguna etapa de la vida de la humanidad, el hombre ha vivido aislado de los demás, es porque la vida en comunidad no sólo le es conveniente, sino necesaria, se impone a la naturaleza humana en tal forma, que los hombres ya nacemos perteneciendo a un grupo: la familia, que constituye la

---

[23] Sociólogo Austriaco.

primera etapa, la más elemental; pero, asimismo, la básica o fundamental en la organización social. El municipio, La Nación, el Estado, son otras tantas formas en el desarrollo de la convivencia humana y todo ello constituye lo que llamamos sociedad, y para poder convivir con grupos mayores es necesario establecer un orden mínimo de respeto, así se forma un orden en pro de la convivencia, fruto de una reflexión que permite refinar las relaciones entre los miembros del grupo y el desarrollo de la cultura en todos sus aspectos, así podemos considerar que: *La sociedad es la creadora de la cultura entendida originalmente como un cultivo del espíritu, luego como la misma obra social creadora de bienes culturales, transitorios o permanentes transmisibles y estimulantes de la acción humana, como adiciones al mundo de la naturaleza y encaminadas al perfeccionamiento del hombre* (Serra Rojas, Ciencia Política, 2005, pág. 35).

Es pues la cultura de la sociedad, donde surgen las ideas básicas y mínimas de esa convivencia, que bien podemos llamar los principios generales del derecho, pero es importante señalar, como lo hacen Luis García e Iñigo Álvarez (García San Miguel & Álvarez Gálvez, 2003, págs. 36 - 37), que dichos principios, dependen de la visión de la realidad de ese grupo social, ya que lleva un peso específico en la configuración de las normas de convivencia, pues dependiendo de esa visión, nacerá un derecho que es reflejo de esa perspectiva. Es evidente que un orden jurídico de un Estado ateo, es diferente de uno que tiene una visión de un ser divino, la realidad del pensamiento genera un tipo de derecho distinto, normalmente fruto del pensamiento de los lideres y de la propia mayoría. La visión de la realidad, es sumamente importante para el derecho ya que impacta enormemente en la construcción de un sistema jurídico, respetando solo los valores de esa visión sin detenerse en matices distintos de otros grupos, que se pueden considerar disidentes de la mayoría, así el derecho que se forma en las sociedades más antiguas y en las menos desarrolladas, siempre será excluyente de los valores de las minorías, porque será el poder dominante quien decida la norma válida de esa sociedad.

Saber la relación entre poder y norma ha generado debates y puntos contradictorios, Kelsen en la teoría pura del derecho ha señalado: … *que no hay una doctrina de derecho natural, sino un gran número de doctrinas que sostienen tesis contradictorias. Para una, la democracia es la forma natural de gobierno. Para otra, dicha forma es contraria a la naturaleza, y sólo la autocracia, y más particularmente la monarquía absoluta, es conforme a sus leyes. Locke ha deducido de la naturaleza que el poder del gobierno es esencialmente limitado; Hobbes ha extraído el principio contrario* (Kelsen, 1960, pág. 93), en efecto, siendo el derecho una ciencia social, no vamos a encontrar un consenso absoluto de lo que es justo en una norma, por ejemplo, en los derechos de las mujeres al aborto, hoy un gran grupo de personas apoyan la idea, pero otros se oponen rotundamente porque lo consideran en contra natura, pero la generalidad le ha dado mayor valor a la idea del aborto y es reconocido en algunas legislaciones, lo que pone en un dilema a los médicos que no apoyan esa idea y trabajan en hospitales públicos obligados a realizarlo. Este ejemplo moderno, pone en evidencia lo que siempre ha existido en las normas, un concepto subjetivo de lo que se considera justo, pero la norma contiene un poder coactivo que obliga a su cumplimiento, una amenaza que permite ejercer la fuerza por medio de una acción debidamente delimitada, ese poder en palabras de Max Weber, *significa la probabilidad de imponer la propia voluntad, dentro de una relación social, aun contra toda resistencia y cualquiera que sea el fundamento de esa probabilidad* (Correas, 2004, pág. 132), pero los grupos minoritarios siempre han pedido a la autoridad, que en el ejercicio del poder se debe respetar una serie de garantías que le pertenecen a los ciudadanos, por lo que la legitimación en el ejercicio del poder ha permitido a la larga dicho respeto, *Existe una interrelación tan esencial entre Derecho y Poder o Estado que es imposible concebir el uno sin el otro, y es también absurdo, a mi juicio, el pretender establecer una prelación de alguno de los dos en el tiempo. Derecho y Poder se interrelacionan y complementan de forma sustancial: el Poder desde su soberanía proporciona al Derecho el aparato coactivo necesario, además de programar toda una serie de finalidades y directivas que pretende alcanzar mediante ese Derecho. Por su parte, el Derecho proporciona al Poder una organización y sobre todo una legitimación* (Martínez Roldán & Fernández Suárez, 2005, pág. 20). La norma o el Derecho, son las que determinan los organismos colegiados o unipersonales de poder, les asignan competencias y fijan el procedimiento a seguir para la aplicación del poder, pero es la sociedad la que indica con su aprobación o no, si la norma será aceptada y por lo tanto permanente, ya que vivir en grupo implica entonces, tener un medio de regulación entre los diferentes miembros, por ello, vivimos entre normas porque tiene un sentido pragmático para nuestra existencia, porque nos son útiles como formas de regular nuestra conducta y tienen un valor conveniente para nuestros fines personales. La vida social entonces, se encuentra regida por una serie de normas o mandatos encaminados directamente a regular la conducta de los individuos, ya que éstos actúan como miembros del grupo social, por tanto, la conducta entre los miembros del grupo en sus relaciones, debe estar sometida a imperativos categóricos e hipotéticos, a los que los individuos no podemos sustraernos a menos que incurramos en las sanciones que la propia sociedad, por medio de la norma, nos impone. Entonces regresando a la pregunta de Helmut Schoek, aún y cuando ya sabemos que la vida en comunidad le es provechosa a la raza humana, ¿cómo se someten individuos libres a un sistema de control y de coacción social?, siguiendo a Rousseau[24], podemos afirmar que la gente se aglutina a efecto de obtener la formación del contrato social, en el cual los hombres entienden que el uso de la fuerza no permitiría que el grupo subsistiera, por el contrario, tendería a su desintegración, por lo que no tienen otro medio de conservarse más que constituirse en una asociación, que defienda y proteja de toda fuerza común a la persona y a los bienes de cada asociado, manteniéndose libres con los límites que impone ese contrato social (Rousseau, 1988). Rousseau, plantea la hipótesis de que los hombres se someten al sistema de control, porque cada miembro de la sociedad se somete a la suprema dirección de la voluntad general, lo que plantea una condición de igualdad para todos y, al tener condiciones iguales, nadie tiene interés en hacerla onerosa para los demás. Este acto de asociación produce un grupo

---

[24] Jean Jacques Rousseau (1712 – 1778), filósofo, teórico político y social, músico y botánico francés y uno de los escritores más elocuentes de la Ilustración. Fuente Microsoft Encarta 2008.

colectivo que hoy denominamos Estado, y es al que nos sometemos para que garantice un mínimo de derechos que nos permita convivir en paz, esos derechos que llamamos garantías son producto y representación de un hecho social, por ello los respetamos; pero el problema de ese catálogo de derechos fundamentales, surge cuando existen grupos minoritarios con expresiones culturales, físicas, sociales y de género, distintas a la mayoría, porque el grupo que representa al grueso de la población, no está exento del talante del grupo al que pertenece y de la costumbre, lo que impone la convivencia en función a tales creencias de lo que es justo y equitativo, y que normalmente coincide con las ideas de quienes detentan el poder. En el caso de Israel que analizábamos, todo el colectivo mantenía cohesión en torno a la ley, por los que los líderes solicitaron la objeción de conciencia y lograron convertirla en norma, posteriormente solicitaron a los persas la libertad religiosa y más tarde pelearon con los griegos por el respeto de ese derecho, a la llegada de los romanos también lograron que se respetaran sus creencias, la facilidad con la que este grupo lo logró, fue porque se consideraba justo para todos, pero el problema se presenta cuando las ideas no son reflejo de todos, sino de las minorías. La lucha por lograr que todos los grupos, aún los minoritarios, sean respetados y representados, sigue siendo un tema actual, no podemos aceptar la tiranía de la mayoría y debemos abrirnos a todas las formas de pensamiento, logrando con ello, verdaderos espacios de libertad. En esa lucha por lograr el reconocimiento, el mundo aún tiene corta edad, porque no hemos alcanzado el pleno desarrollo de las igualdades. Este ensayo, parte de analizar precisamente, la forma como se generaron los espacios de libertad en general, y por otro lado el análisis de la lucha y la situación actual de la objeción de conciencia, todo ello como preámbulo a una propuesta que permita incluir tales derechos en las normas mexicanas.

Capítulo II. El surgimiento moderno y contemporáneo de la objeción de conciencia.

I. *El Renacimiento, la reforma y el liberalismo, caldo de cultivo para el origen de la objeción de conciencia en el mundo moderno y contemporáneo.*

El tema de la objeción de conciencia no es nuevo, en los anales de la historia ha aparecido en innumerables ocasiones, como lo analizamos en el capítulo anterior, pero es muy probable que sea el Renacimiento, la Reforma y el Liberalismo, los movimientos sociales y culturales que actuando como caldo de cultivo, permitieran la explosión por la lucha de los derechos humanos y la libertad de pensamiento, génesis de la objeción de conciencia. He sostenido en otra obra (Ruz Saldívar, Violencia familiar, una reparación integral. Propuesta para México, 2012), que al inicio del Medioevo, tras la caída del imperio romano de occidente, la iglesia había consolidado una posición no solamente como un movimiento religioso, sino como el verdadero poder actuando tras bambalinas, se mostraba inflexible y encontraba apoyo en la biblia (en el llamado nuevo testamento) para ello, en concreto, ocupaban y aún ocupan las palabras de Pablo en la epístola a los romanos[25]: *Sométase toda persona a las autoridades superiores;*

porque no hay autoridad sino de parte de Dio-s, y las que hay, por Dio-s han sido establecidas. De modo que quien se opone a la autoridad, a lo establecido por Dio-s resiste; y los que resisten, acarrean condenación para sí mismos. La posición paulista, interpretada por la iglesia católica, unifica lo espiritual y lo material abriendo el camino al inicio de la edad media, en esa unificación se presenta como el único medio de salvación y el soporte ideológico de los monarcas; en gran medida ello se debe a *Constantino I el Grande*[26] y su conversión al cristianismo, religión que en esa época se había expandido por todo el imperio, lo que le sirvió como elemento de cohesión para reorganizar el Estado Romano formando una religión de Estado y gobernando en el nombre de Dio-s; esta idea del poder divino unido al poder terrenal se mantiene y fortalece con *San Agustín*[27], y su obra más conocida *La ciudad de Dio-s*, síntesis entre los principios doctrinales del cristianismo y la herencia de la filosofía clásica principalmente de Platón, la obra es una alabanza del valor del cristianismo como religión verdadera; pero lo verdaderamente importante, es la influencia de esta obra en los siglos posteriores,

---

[25] Véase la llamada Epístola a los romanos capítulo 13 versículos: 1 y 2.

[26] Constantino I el Grande (274 – 337), emperador romano del 306 al 337, el primer emperador convertido al cristianismo. Fuente Microsoft Encarta 2008.

[27] San Agustín de Hipona (354 – 430).

ya que basados en esta idea de la religión verdadera y la salvación del alma, la Iglesia afianza su poder y dominio, ofreciendo una imagen ideal del amor divino y de la sociedad cristiana. Pero las ideas de *San Agustín* desgastadas por siglos de repetición, requieren una renovación para mantener la idea de la potestad divina y el dominio de la iglesia, por ello, la clerecía desde el siglo XIII se renueva con la filosofía racional de *Tomás de Aquino*[28], quién reconfigura la teología cristina y le inyecta racionalidad, en la medida que ello es posible, ya que cualquier forma de fe requiere de la renuncia a nuestras capacidades cognitivas a favor de aquello que los sentidos no pueden probar; pese a esta renovación cristina surge un aire de libertad, y la aparición de una pluma notable, la de Dante Alighieri así lo demuestra, ya que un poco antes de lo que se considera el renacimiento alrededor del 1307, escribe la *Divina Comedia*, obra crítica de personajes de la sociedad de su tiempo, acompañado por el poeta Virgilio atraviesa los círculos infernales y el purgatorio, donde encuentra a gobernantes y Papas, ello es digno de llamar la atención, considerando que ataca al poder celestial en la imagen de sus representantes en la tierra, la obra refleja un cambio en el

---

[28] Tomás de Aquino (1225 - 1274), filósofo y teólogo medieval. Máximo representante de la tradición escolástica, llamado Príncipe de los Escolásticos y uno de los teólogos más sobresalientes del catolicismo. Fuente Microsoft Encarta 2008.

pensamiento de la sociedad ilustrada, y su publicación, hace suponer que contaba con la suficiente fuerza política para hacerlo, si bien Dante sufrió destierro y persecución. El pensamiento político de Dante se puede apreciar con mayor claridad en su obra el tratado *Monarchia* (1310), ya que constituye una exposición detallada de sus ideas, entre las cuales se encuentran la necesidad de la separación total de Iglesia y Estado, fruto de los cambios revolucionarios de los finales del Medioevo, el sentimiento anticlerical, la premonición de la derrota futura del papado y la creación de Estados nacionales.

Si bien se vivían con el Renacimiento y la Reforma vientos de cambios, la mayor influencia al libre pensamiento en el mundo moderno y contemporáneo (considerando el enfoque cronológico que ubica a la edad moderna desde la caída del Imperio Bizantino en 1453 y el inicio de la edad contemporánea con la revolución francesa en 1789 (Amparán Hernández, 2008, pág. 9)), vendría un poco después, y es que la objeción de conciencia ha surgido con mayor fuerza principalmente con el Liberalismo como lo destaca Paulette Dieterlen: ... *es posible afirmar que la discusión sobre ese derecho surge con fuerza en la medida en que progresa la corriente ético – política llamada "liberalismo"* (Dieterlen Struck, 1988), y es que en el movimiento del pensamiento liberal, es donde surge esa inquietud de cuestionar los paradigmas que habían gobernado al mundo, ya que los adelantos en la ciencia, la caída del Imperio Romano de Oriente, el descubrimiento de América, la circunnavegación de Magallanes por el globo terráqueo y la colonización de nuevas tierras, rompen las limitaciones mentales que imponía la Iglesia, surgiendo un pensamiento libre; la iglesia pierde más credibilidad y poder, se destierran las ideas medievales, y se buscan nuevas concepciones de la vida y el mundo que rodea al hombre, se crea una división entre lo natural y lo espiritual, y por si todo lo anterior fuera poco, en esa época surge la figura de un gran pensador Nicolás Maquiavelo[29], historiador, filósofo y político, cuyos escritos sobre habilidad política, convirtieron su nombre en sinónimo de astucia. El príncipe, obra escrita por Maquiavelo en 1513 pero publicada hasta 1532, resultó determinante para el desarrollo de la ciencia política, a lo largo de sus páginas, el filósofo italiano desarrolló el principio de la razón de Estado; como ilustración baste señalar, que en el capítulo XXV de la obra hace referencia al principio paulista de la potestad divina, que a la letra dice: *No ignoro que muchos creen y han creído que las cosas del mundo están regidas por la fortuna y por Dio-s, de tal modo que los hombres más prudentes no pueden modificarlas; y, más aún, que no tienen*

---

[29] Nicolás Maquiavelo 1469 – 1527. Fuente Microsoft Encarta 2008.

remedio alguno contra ellas. De lo cual podrían deducir que no vale la pena fatigarse mucho en las cosas, y que es mejor dejarse gobernar por la suerte (Maquiavelo, 2009, pág. 101). Una vez que introduce al lector en la esencia de la teoría de la potestad divina, lo invita a preparase para los cambios: *Así sucede con la fortuna, que se manifiesta con todo su poder allí donde no hay virtud preparada para resistirle ...*; el pensamiento de Maquiavelo es un antecedente que invita a romper las ataduras de la Iglesia, a prepararse y hacer frente con atrevida resistencia a la predestinación cristiana, preparando el camino para los cambios más trascendentales de la historia moderna.

Además de lo anterior, uno de los frutos del Renacimiento y que se consolidan en la Reforma y el Liberalismo, es que se empieza a desplazar y desacreditar a la iglesia y a su brazo instructor el escolasticismo[30], privándola del monopolio sobre la enseñanza, habida cuenta que diversos eruditos, evaluaron de forma crítica las traducciones de la biblia y otros documentos que

---

[30] Escolasticismo, movimiento filosófico y teológico que intentó utilizar la razón natural humana, en particular la filosofía y la ciencia de Aristóteles, para comprender el contenido sobrenatural de la revelación cristiana. Principal corriente en las escuelas y universidades de Europa durante la edad media (especialmente desde mediados del siglo XI hasta mediados del siglo XV), su ideal último fue integrar en un sistema ordenado el saber natural de Grecia y Roma y el saber religioso del cristianismo. Fuente Microsoft Encarta 2008.

forman los dogmas de la iglesia cristiana, entre esos críticos, quizás el más conocido, tenemos al humanista Lorenzo Valla[31]; si a esas críticas le sumamos la invención de la imprenta, es fácil comprender que se incrementó en gran medida la circulación de los libros y extendió las ideas de renovación espiritual por toda Europa, lo que sentaron las bases para otro duro golpe a la Iglesia, la Reforma. La apertura que se había dado en el Renacimiento, sentaron las bases sobre las que Martín Lutero[32] y Juan Calvino[33], cada uno por su cuenta, iniciaran el llamado movimiento de Reforma, señalando que el Papado había perdido sus ideales originales, por haberse corrompido por el lujo, la riqueza y el poder, proclamando que la única autoridad religiosa posible era el juicio individual aplicado al estudio de la Biblia (ese juicio

---

[31] Lorenzo Valla (1407-1457), humanista italiano, figura influyente y señera del renacimiento. Nació en Roma y se educó en los maestros griegos y latinos. Fuente Microsoft Encarta 2008.

[32] Martín Lutero (1483-1546), teólogo y reformador religioso alemán, iniciador de la Reforma protestante. Figura crucial de la edad moderna en Europa, la influencia del conjunto de sus teorías y doctrinas (que suele ser denominado luteranismo) se extendió, más allá de la religión, a la política, la economía, la educación, la filosofía, el lenguaje, la música y otros espacios de la cultura. Fuente Microsoft Encarta 2008.

[33] Juan Calvino (1509-1564), teólogo, reformador religioso y humanista francés. Su teología (denominada de forma genérica calvinismo) le convirtió en el principal exponente de las doctrinas cristianas al amparo de las cuales surgieron buen número de las Iglesias reformadas protestantes. Fuente Microsoft Encarta 2008.

individual daría lugar a la libertad de pensamiento); los reformistas se oponen a la intervención de la iglesia en los negocios de este mundo, niegan la autoridad papal, proponen una relación directa de los fieles con Dio-s y por la interpretación libre de la Biblia. Este movimiento es aprovechado por los monarcas de Alemania, Escandinavia e Inglaterra, sobre todo este último, ya que con la Reforma Enrique VIII[34], fortalece su unidad política. En esencia los reyes europeos, hacen suyas las ideas de la Reforma de que el gobierno secular y el espiritual tienen que desarrollar su actividad en distintas esferas, con ello se vislumbra una oportunidad de romper con el Papado, en toda Europa se alteran las concepciones medievales del poder divino y se empieza a gestar el Estado moderno. Varias regiones de Europa ganaron independencia política, religiosa y cultural, en países como Francia y lo que hoy es Bélgica, donde el catolicismo se mantuvo, se desarrolló un nuevo individualismo y nacionalismo en materia cultural y política. Como ya había adelantado en las líneas que anteceden, el brazo instructor de la Iglesia, el escolasticismo, sufre su revés más importante en este periodo, ya que la educación popular fue estimulada gracias a las nuevas escuelas

---

[34] Enrique VIII (1491 – 1547), rey de Inglaterra de 1509 a 1547. Fuente Microsoft Encarta 2008.

fundadas por John Colet[35] en Inglaterra, Calvino en Ginebra y los príncipes protestantes en Alemania.

Con el cambio que propicia la Reforma, la ciencia, libre de sus cadenas florece, pero antes, en manos de la Santa Madre Iglesia Católica, deben sufrir algunos *herejes*, entre ellos Giordano Bruno[36] quién es quemado en la hoguera en el campo de las flores en 1600 acusado de herejía; unos años después en 1616 se produciría la famosa condena pontificia contra los copernicanos, aquellos que seguían el sistema ideado por Copérnico[37], y es que

---

[35] John Colet (Londres, 1467 - 1519) fue decano de la catedral de San Pablo en Londres. Fue un humanista sobresaliente que influyó profundamente en el pensamiento de Erasmo de Rotterdam. Fuente Microsoft Encarta 2008.

[36] Giordano Bruno (c. 1548-1600), filósofo y poeta renacentista italiano cuya dramática muerte dio un especial significado a su obra. Había nacido Bruno en Nola, cerca de Nápoles. Su nombre de pila era Filippo, pero adoptó el de Giordano al ingresar en la Orden de Predicadores; con estos frailes estudió la filosofía aristotélica y la teología tomista. Pensador independiente de espíritu atormentado, abandonó la orden en 1576 para evitar un juicio en el que se le acusaba de desviaciones doctrinales e inició una vida errante que le caracterizaría hasta el final de sus días. Fue quemado en una pira levantada en Campo dei Fiori el 17 de febrero del año 1600. En el siglo XIX se erigió una estatua dedicada a la libertad de pensamiento en el lugar donde tuvo lugar el martirio. Bruno es considerado como un precursor de la filosofía moderna por su influencia en las doctrinas del filósofo holandés Baruch Spinoza y por su anticipación del monismo del siglo XVII. Fuente Microsoft Encarta 2008.

[37] Nicolás Copérnico (1473-1543), astrónomo polaco, conocido por su teoría según la cual el Sol se encontraba en el centro del Universo y la Tierra, que giraba una vez al día sobre su eje, completaba cada año una vuelta alrededor de él. Este sistema recibió el nombre de heliocéntrico o centrado en el Sol. Fuente Microsoft Encarta 2008.

esos *herejes* pretendían ocuparlo para sustituir al sistema de Tolomeo[38], que había sido la base de la teoría astronómica hasta entonces. No menos grave fue lo que aconteció con Galileo[39], quién fue obligado a retractarse en 1633 condenándole a un arresto domiciliario por herejía grave, el pobre hombre víctima de la locura *¡creía que el mundo se movía!*, ante tales ideas había que condenarlo. En todo este periodo que va del renacimiento a la Reforma, la iglesia pierde credibilidad y por lo tanto poder, se destierran las ideas medievales, y se buscan nuevas concepciones de la vida y el mundo que rodea al hombre, se crea una división entre lo natural y lo espiritual, preparándose el terreno para la puntilla al poder de la iglesia, el Liberalismo.

---

[38] Claudio Tolomeo (c. 100-c. 170), astrónomo y matemático cuyas teorías y explicaciones astronómicas dominaron el pensamiento científico hasta el siglo XVI. Posiblemente, Tolomeo nació en Grecia, pero su nombre verdadero, Claudius Ptolemaeus, refleja todo lo que realmente se sabe de él: 'Ptolemaeus' indica que vivía en Egipto y 'Claudius' significa que era ciudadano romano. De hecho, fuentes antiguas nos informan de que vivió y trabajó en Alejandría, Egipto, durante la mayor parte de su vida. Fuente Microsoft Encarta 2008.

[39] Galileo (Galileo Galilei) (1564-1642), físico y astrónomo italiano que, junto con el astrónomo alemán Johannes Kepler, comenzó la revolución científica que culminó con la obra del físico inglés Isaac Newton. Su nombre completo era Galileo Galilei, y su principal contribución a la astronomía fue el uso del telescopio para la observación y descubrimiento de las manchas solares, valles y montañas lunares, los cuatro satélites mayores de Júpiter y las fases de Venus. En el campo de la física descubrió las leyes que rigen la caída de los cuerpos y el movimiento de los proyectiles. En la historia de la cultura, Galileo se ha convertido en el símbolo de la lucha contra la autoridad y de la libertad en la investigación. Fuente Microsoft Encarta 2008.

Los descubrimientos de la ciencia sumados a la arrogancia y necedad de la iglesia, la colocan como enemiga natural del liberalismo, sucesor de las ideas renacentistas y reformistas, por ello, el desarrollo del liberalismo ha estado caracterizado por una lucha en contra del clero, principalmente porque se opone a las restricciones que impiden a los individuos desarrollarse, a las limitaciones a la libertad de expresión, a la censura, a la interferencia de la Iglesia en asuntos públicos; entre los siglos XVII y XIX, los liberales lucharon en contra de la opresión, la injusticia y los abusos de poder. Un ejemplo que ilustra la intervención de la iglesia y la reacción de los liberales, lo podemos apreciar en suelo mexicano, cuando se discutía la libertad religiosa en el desarrollo de la Constitución de 1857[40], el Papa Pío IX[41], quién proclamó el control de la iglesia sobre la ciencia, la educación y la cultura en los Estados Pontificios, declaró la infalibilidad del Papa en 1870, y que también intentó intervenir en la formación de la Constitución mexicana, ya que amenazó con la excomunión a los miembros del Congreso Constituyente, si aprobaban la libertad religiosa, pero

---

[40] Para mayores referencias se recomienda la lectura del Libro de Emilio O. Rabasa *"El pensamiento Político del Constituyente de 1856 - 1857"* Editorial Porrúa México 1991.

[41] Papa Pío IX (1792 – 1878) papa de 1846 a 1878 durante cuyo pontificado, el más largo de la historia, se celebró el Concilio Vaticano I. Fuente Microsoft Encarta 2008.

después de acaloradas discusiones y el más largo debate del Congreso Constituyente, por temor a la amenaza no aprobaron la libertad religiosa, en su lugar, se aprobó el libre pensamiento (Rabasa E. O., 1991), lo que resultó más ventajoso, ya que esa libertad abarca a la religiosa que se pretendía; también en su artículo 123, se otorgó a los poderes federales expresa intervención en materia de culto religioso, así desde entonces, quedaban separados en suelo mexicano, la Iglesia y el Estado, situación que molestó al Papa Pío IX, por lo que el día 15 de Diciembre de 1856, aún faltando más de un mes para que fuera jurada y firmada la Constitución, ya la condenaba y giró instrucciones a los obispos mexicanos para presionar a los diputados constituyentes para no aprobar el documento final, así este *Sumo Pontífice*, pretendió negar las grandes libertades producto de las mentes más ilustres de los siglos XVIII y XIX, amén de la sangre derramada para lograrlo, dando pie además, para que unos años más tarde se produzca la intervención francesa en México.

Es entonces el liberalismo, el sistema del siglo XIX en el que se apoya la ideología de la burguesía, movimiento que se vio impulsado en gran medida por la Revolución Francesa, cuya influencia se manifiesta en Europa, América y aún en nuestros días; se caracteriza por su lucha en contra de los restos del feudalismo, las clases aristocráticas y su enemigo natural la iglesia. Las ideas del liberalismo, están basadas en las tesis iusnaturalistas, es decir, en la justicia que debe dar el derecho natural, pero sobre todo, en los derechos innatos e inalienables del hombre: libertad de pensamiento, de expresión, de asociación, de prensa, respeto a la propiedad privada, un sistema democrático de elección de gobernantes desterrando de una vez por todas, la teoría paulista del poder divino en la tierra, el reconocimiento de la división de poderes, pero sobre todo, la proclamación relativa de igualdad de todos ante la ley; siendo este último, el fruto más importante del liberalismo, pero solo pudo surgir después de un largo camino iniciado en el Renacimiento y la Reforma, nace así un liberalismo político que organiza al Estado como garante de las libertades y la igualdad, a partir de entonces, la libertad individual florecerá apoyada por la educación libre y generará la lucha por todas las libertades, entre las que se incluye la objeción de conciencia.

II.   La revolución francesa y la declaración de 1789.

Durante el siglo XVII y de la mano de Luis XIV, el Rey sol, Francia se convirtió en la gran potencia europea, alcanzó el río Rhin como frontera oriental y se crearon redes de carreteras y canales majestuosos, como el canal que atraviesa toda Francia y comunica por vía fluvial el Atlántico y el Mar Mediterráneo (Cannon, 2006), además de ello se reforzaron los puertos, la armada y el ejército, lo que significó un costo enorme que el pueblo seguiría pagando décadas después, cuando Luis XVI (bisnieto de Luis XIV) subió al trono francés en 1774, la nación se encontraba agobiada por las deudas contraídas a lo largo de un siglo de guerras, despilfarros y negligencia (Amparán Hernández, 2008, pág. 126), por ello, no resulta extraño el inicio de la revolución francesa y el reclamo del reconocimiento de los derechos fundamentales. La asamblea constituyente francesa del 4 de agosto de 1789, declaró la abolición de privilegios, lucha central de la revolución que buscaba *Liberté, Égalité, Fraternité* (Libertad, Igualdad, Fraternidad), posteriormente el 26 de agosto de 1789, la asamblea constituyente votó la *Declaración de los derechos del hombre y del ciudadano* (Declaración de los Derechos del Hombre y del Ciudadano, 1789 (1996)), declaración que contiene 17 artículos que reconocen un conjunto de elementos indispensables para los ciudadanos.

El artículo primero establece que los hombres nacemos libres e iguales en derechos, el artículo segundo consagra la conservación de los derechos naturales e imprescriptibles del hombre, aunque los acota a la libertad, la propiedad, la seguridad y la resistencia a la opresión; el tercero señala que la soberanía reside en la Nación, característica que distingue al Estado moderno y que traslada la soberanía del Rey a la Nación, rompiendo la teoría Paulista y Tomista de que el poder del Rey proviene de Dio-s, y por tanto en él reside la soberanía, principio por demás importante ya que la Iglesia siempre sostuvo que el poder, al provenir de Dio-s, era representado por la Iglesia y el poder terrenal debía estar subordinado al eclesiástico, sin embargo, un fruto de la revolución francesa es que la soberanía no reside ni en el Rey ni en la Iglesia sino en el pueblo, razón por lo que no solo se abolieron los privilegios de la nobleza sino también los del clero, iniciando el camino de la separación Iglesia – Estado, por lo que no es de extrañarse que la revolución francesa y en general el periodo conocido como la ilustración, haya dado paso a la razón, la ciencia y el respeto a la humanidad, generando un odio irracional por parte de la Iglesia católica acostumbrada a esclavizar la inteligencia humana. Por su parte los artículos cuarto, quinto y sexto definen a la libertad de hacer todo aquello que no dañe a otro teniendo como límite a la ley misma, la cual es la expresión de la voluntad general, este principio de libertad será posteriormente interpretado para dar lugar a la objeción de conciencia; el artículo séptimo establece el principio de legalidad en materia penal, el octavo nos habla de la irretroactividad de la ley, el noveno de la presunción de inocencia, el doceavo de la necesidad de contar con la fuerza pública y el treceavo del sostenimiento de ella así como la recaudación en general, los artículos catorce y quince que realmente guardan unidad, permiten el derecho de pedir cuentas a los gobernantes, el dieciséis por su parte establece otro fruto importante de la revolución francesa, la división de poderes, lo que será una constante en las Constituciones modernas y democráticas, el diecisiete nos habla del derecho a la propiedad privada y el principio de que la expropiación solo puede ser por utilidad pública, requiriéndose una indemnización justa y previa. Pero a juicio de quién estas líneas escribe, lo más rescatable de la declaración francesa es que los derechos que se exigían, se consideraban como naturales a los hombres, no era una dádiva real o de los gobernantes, sino un derecho que corresponde a la naturaleza de los seres humanos; por ello en la declaración, en concreto en sus artículos: 1, 10 y 11, se señala la igualdad de derechos, la libre expresión del pensamiento, que sería el fruto culminante del liberalismo decimonónico y que a la postre, permitiría romper con la idea de que existan personas que tengan un derecho superior, ya sea por sexo, nobleza o religión.

La revolución francesa, como parte de un movimiento aún mayor, la ilustración, permitió espacios de libertad intelectual y de expresión, no sin algunos conflictos y excesos, pero en definitiva el mundo no volvería a ser el mismo, ya que la lucha por los reconocimientos de los derechos humanos y la secularización del conocimiento, traerían a la postre el verdadero humanismo que tanto necesitamos, sobre todo, cuando en Francia se introdujo el servicio militar obligatorio, ya que la Francia post revolucionaría, en abril de 1792, por conducto de la Asamblea[42], declaró la guerra a Austria y Prusia, por lo que ya para 1793 se requería una mayor cantidad de soldados, de tal suerte que se decreta el 23 de agosto de 1793, el reclutamiento obligatorio como un intento de aportar los hombres necesarios en el frente de batalla, con el reclutamiento forzado, el concepto de la objeción de conciencia empezó a ser más importante e inclusive

---

[42] La Constitución adoptada en 1791 creó un gobierno parlamentario con una monarquía hereditaria y una asamblea elegida por sufragio restringido (a los ciudadanos que pagaban impuestos) e indirecto. Fuente Microsoft Encarta 2008.

respetado, ya que el Comité de Salvación Pública y posteriormente el mismo Napoleón[43], eximieron de la conscripción obligatoria a menonitas, valdenses[44], moravos[45], entre otros objetores (Zarzuri Cortés & Lecourt Kendall), lo que nos permite afirmar que la figura jurídica que estudiamos, surge en Francia en 1793.

---

[43] Napoleón I Bonaparte (1769-1821), emperador de los franceses (1804-1815) que consolidó e instituyó muchas de las reformas de la Revolución Francesa. Asimismo, fue uno de los más grandes militares de todos los tiempos, conquistó la mayor parte de Europa e intentó modernizar las naciones en las que gobernó. Fuente Microsoft Encarta 2008.

[44] Valdenses, miembros de un grupo cristiano surgido a partir de un movimiento que se oponía a la autoridad eclesiástica. Fue creada por un rico comerciante francés de Lyon, Pierre Valdo, en la segunda mitad del siglo XII. A los seguidores de Valdo se les conoció como 'los pobres de Lyon'. Los valdenses se extendieron por toda Europa, pero un núcleo notable se estableció en zonas aisladas de los Alpes occidentales, que marcan en la actualidad la frontera entre Francia e Italia. Estas zonas todavía se conocen como los valles valdenses. Fuente Microsoft Encarta 2008.

[45] Hermanos Bohemos o Hermanos Moravos, sociedad religiosa establecida en Praga a mediados del siglo XV. Originalmente estaba compuesta por antiguos miembros de los husitas. También se les conoce con el nombre de Hermanos Unidos. En 1450 los Hermanos Bohemos se establecieron en las cercanías de Silesia y Moravia. Durante la Contrarreforma, alrededor del año 1600, esta comunidad casi desapareció al verse sus miembros forzados a convertirse a la religión católica romana. A pesar de esto, la sociedad de los Hermanos Bohemos no murió, y en 1722 algunos de sus componentes emigraron y se establecieron en Herrnhut, Sajonia, en las tierras del reformador religioso, Nikolaus Ludwig von Zirzendorf. Fuente Microsoft Encarta 2008.

III.   Declaración Universal de los derechos humanos.

El profesor Herbert F. Ziegler, de la Universidad de Hawai, sostiene que el legado de la II Guerra Mundial fue la creación de una nueva organización supranacional dedicada a la promoción de la paz, la cooperación y los derechos humanos (Ziegler, 2008). En 1945 los aliados, determinados a mantener una paz tan costosa de ganar, fundaron la Organización de las Naciones Unidas (ONU) y en la asamblea general, celebrada el diez de diciembre de mil novecientos cuarenta y ocho, fue adoptada la *Declaración Universal de los derechos humanos,* el reconocimiento internacional a garantías inalienables de los seres humanos, sin distinción alguna de nacionalidad, lugar de residencia, sexo, origen nacional o étnico, color, religión, lengua o cualquier otra condición; para que las tristes condiciones que se vivieron durante el horror de la llamada Segunda Guerra Mundial no se repitan. La declaración, está precedida de un preámbulo que comienza con el reconocimiento de la dignidad de los seres humanos, el derecho a la libertad, la justicia y la paz, se proclaman los derechos humanos como una norma para todas las naciones, que debe ser promovida por la educación y garantizadas mediante acuerdos nacionales e internacionales que busquen su observancia universal. Se reconocen esos derechos en treinta artículos, que comprenden la libertad, la igualdad en dignidad y derechos, la no discriminación, respeto a la vida, la seguridad personal, la prohibición de tratos y castigos crueles y degradantes, el derecho a acudir a los tribunales y lograr la reparación a las violaciones de los derechos fundamentales, la prohibición de detenciones arbitrarias y destierros, el derecho de audiencia, la obligación de presumir la inocencia de todo procesado, la prohibición de generar molestias a la familia o la habitación y la correspondencia, la libertad de tránsito y residencia, el derecho de asilo, el de formar una familia, el derecho a la propiedad privada, el de asociación, la libertad de pensamiento, de conciencia, de religión, la libertad de expresión, el derecho de elegir a sus gobernantes, los derechos laborales, el derecho a recibir educación, la protección a la maternidad y a la niñez y que todo individuo tiene obligaciones con su sociedad, la que asegura el libre y completo desenvolvimiento de su personalidad.

En síntesis, la declaración precisa que todos tenemos los mismos derechos humanos, sin discriminación alguna, que deben estar contemplados en la ley y garantizados por ella, a través de los tratados, el derecho internacional consuetudinario, los principios generales y otras fuentes del derecho internacional, ya que los gobiernos tienen la obligación de promover y proteger los derechos humanos y las libertades fundamentales de los individuos o los grupos que componen a la sociedad, y si bien, en torno a la Declaración Universal de los Derechos Humanos, *existe cierta discrepancia de criterios en torno a su carácter vinculatorio, en virtud de su naturaleza declarativa, sin embargo, en la práctica no resulta factible negarle validez jurídica, ya que forma parte de los estándares universalmente compartidos en la materia* (Plascencia Villanueva & Pedraza López, 2011, pág. 105), la mayoría de los Estados le reconocen plena validez a la declaración, por lo que podemos considerar que al ser México parte de las Naciones Unidas, le resulta vinculante.

Para el caso que nos ocupa en el artículo 18 de la declaración, se encuentra plenamente establecido el derecho a la libertad de pensamiento y de conciencia: *Toda persona tiene derecho a la libertad de pensamiento, de conciencia y de religión; este derecho incluye la libertad de cambiar de religión o de creencia, así como la libertad de manifestar su religión o su creencia, individual y colectivamente, tanto en público como en privado, por la enseñanza, la práctica, el culto y la observancia* (Declaración Universal de los derechos humanos, 1948), por lo que el establecimiento de este principio, reconoce el derecho universal a la libertad de conciencia y en consecuencia a la objeción de una ley considerada injusta, ya que: ... *no todas las normas que son condiciones necesarias de actuación de un principio pueden considerarse válidas por esto sólo; y, además que las normas en cuestión, aun cuando sean válidas, no necesariamente constituyen principios* (Guastini, 2001, págs. 141 - 142), una norma vigente que constituye derecho positivo, no necesariamente será considerada justa por algunos, ya que los valores sociales no son homogéneos, por el contrario son heterogéneos, y están cargados de una dosis de subjetividad que permite visiones plurales de un mismo fenómeno jurídico plasmado en las leyes, algo parecido a lo que significó el Cubismo que encabezó Picasso, es decir, el derecho debe contemplarse de manera simultánea desde diferentes ángulos, de tal forma que contenga las múltiples visiones del mismo, por ello, la declaración universal de los derechos humanos y su reconocimiento internacional, estableció las bases sobre las cuales iniciarían de nueva cuenta, la lucha de grupos marginados y de los reducidos en derechos, quienes reclaman su espacio subjetivo de visión de las normas y el reconocimiento del principio de la libertad de conciencia, que permite disentir de una norma positiva.

IV.   La objeción de conciencia contemporánea, el caso Europeo.

A poco menos de dos años de la Declaración Universal de los Derechos Humanos, y acorde con los principios contenidos en la misma, se celebra el Convenio Europeo para la Protección de los Derechos Humanos y de las Libertades Fundamentales, firmado en Roma el 4 de noviembre de 1950, la finalidad de dicho convenio es estrechar la unión entre los países miembros, mediante la protección y el desarrollo de los derechos humanos y las libertades fundamentales, por lo que se garantiza: el derecho a la libertad de pensamiento, de conciencia y de religión, incluyendo dentro de su contenido la libertad para cambiar de religión o de convicciones, así como para manifestar las mismas individual o colectivamente en público o en privado, ya que siguiendo al artículo 18 de la Declaración Universal de Derechos Humanos, se establece en el artículo 9 del Convenio Europeo lo siguiente:

1. Toda persona tiene derecho a la libertad de pensamiento, de conciencia y de religión; este derecho implica la libertad de cambiar de religión o de convicciones, así como la libertad de manifestar su religión o sus convicciones individual o colectivamente, en público o en privado, por medio del culto, la enseñanza, las prácticas y la observancia de los ritos.

2. La libertad de manifestar su religión o sus convicciones no puede ser objeto de más restricciones que las que, previstas por la ley, constituyan medidas necesarias, en una sociedad democrática, para la seguridad pública, la protección del orden, de la salud o de la moral públicas, o la protección de los derechos o las libertades de los demás (Convenio Europeo para la protección de los Derechos Humanos y de las Libertades Fundamentales, 2010). Pero además de manera expresa, en el artículo 4 del convenio ya se establece la objeción de conciencia para el servicio militar.

Con el principio contenido en el artículo 9, se protegen los derechos y libertades fundamentales, relativas a la libertad de creencias y convicciones dentro del concepto general de libertad de pensamiento o conciencia y, como un subtipo de éstas, la libertad religiosa, situación similar ocurrió con los Constituyentes mexicanos de 1857 (38), que aprobaron la libertad de pensamiento pero que a la larga significó la libertad religiosa, asunto que he mencionado en líneas que anteceden y del que retomaremos el tema más adelante. Con el principio que analizamos contenido en el artículo 9, y como ha expuesto Martín-Retortillo: ... *se afianza, por tanto, una fórmula abierta y plural, con una amplia panoplia de contenidos. Como resulta propio de un mundo en el que ¡quién le pone puertas al campo!, un mundo abierto, de comunicaciones y de intercambios, nutrido a su vez por el debate, el contraste de ideas y la necesaria convivencia de muy diversas posiciones. Un mundo en el que, por tanto, el pluralismo se va a reclamar e imponer como un valor imprescindible. La libertad será, por eso, de pensamiento, de conciencia y de religión* (Celador Angón, 2011, pág. 14). En efecto, la libertad de pensamiento es un escudo que permite salvaguardar el pluralismo, lo que más adelante generará, como bomba atómica, el hongo de los derechos civiles (para decirlo en palabras de Silvio Rodríguez), produciendo una reacción en cadena, que inunda Europa y que permite la no discriminación, la pluralidad de ideas, los derechos de los homosexuales, las libertades religiosas, la fórmula liberal de la no confesionalidad del Estado y la objeción de conciencia.

El convenio ha sido actualizado en diversas ocasiones, por las disposiciones del Protocolo nº 3 (STE no 45), que entró en vigor el 21 de septiembre de 1970, del Protocolo n° 5 (STE no 55), que entró en vigor el 20 de diciembre de 1971 y del Protocolo no 8 (STE no 118), que entró en vigor el 1 de enero de 1990. Incluía asimismo el texto del Protocolo no 2 (STE no 4) que, de conformidad con su artículo 5 párrafo 3, formaba parte integrante del Convenio desde su entrada en vigor el 21 de septiembre de 1970. Todas las disposiciones modificadas o añadidas por dichos

Protocolos fueron sustituidas por el Protocolo no 11 (STE no 155), a partir de la fecha de su entrada en vigor el 1 de noviembre de 1998. Desde esa fecha, el Protocolo no 9 (STE no 140), que entró en vigor el 1 de octubre de 1994, quedó derogado y el Protocolo nº 10 (STE nº 146) quedó sin objeto, así como por las disposiciones del Protocolo n° 14 (STCE n° 194) a partir de su entrada en vigor el 1 de Junio de 2010 (Convenio Europeo para la protección de los Derechos Humanos y de las Libertades Fundamentales, 2010). Por lo que se mantiene un documento actualizado y firmado por 47 países miembros del consejo europeo y del que México, Canadá, El Vaticano, Israel, Japón y los Estados Unidos, son Estados observadores (Council of Europe, 2012).

Pero el trabajo Europeo para crear entre sí una unión cada vez más estrecha, no concluyó con el convenio anteriormente señalado, sino que en la búsqueda de mejores condiciones, sabedores de que Europa mantiene valores similares y que son más los puntos de convergencia que aquellos que los dividen, que además sus relaciones comerciales e inclusive familiares se encuentran a lo largo y ancho del continente, se instituyó la ciudadanía de la Unión, la que contribuye al fomento de la identidad europea y la organización de sus poderes públicos, que trasciende a lo local, por lo que el pueblo europeo firmó la Carta de los Derechos Fundamentales de la Unión Europea, publicada en el Diario Oficial de las Comunidades Europeas el 18 de diciembre del año 2000, carta que en su artículo 10, establece la libertad de pensamiento y el derecho a la objeción de conciencia, en los siguientes términos:

Artículo 10

Libertad de pensamiento, de conciencia y de religión

1. Toda persona tiene derecho a la libertad de pensamiento, de conciencia y de religión. Este derecho implica la libertad de cambiar de religión o de convicciones, así como la libertad de manifestar su religión o sus convicciones individual o colectivamente, en público o en privado, a través del culto, la enseñanza, las prácticas y la observancia de los ritos.

2. Se reconoce el derecho a la objeción de conciencia de acuerdo con las leyes nacionales que regulen su ejercicio (Carta de los derechos fundamentales de la Unión Europea, 2000).

Con tal articulado, los derechos de la libertad de pensamiento y la objeción de conciencia, se encuentran de nueva cuenta ratificados para la Unión Europea en el catálogo de sus derechos fundamentales, los cuales, analizados en razón de la teoría del derecho, y a juicio de quién estas líneas escribe, creo que son fruto del consenso de las ideas de libertad más avanzadas del mundo y que además, representan los valores más importantes para todas las sociedades. Debemos recordar que la teoría del derecho postula, que existen elementos unificadores con conceptos válidos para todas las épocas y espacios, quedando la reserva de los matices que cada sociedad impondrá a esos conceptos y que tiene que ver con la cultura, pero que ello ya no es la esencia del derecho. La síntesis de la teoría del derecho (Recasens Siches, 2006, pág. 162), es limitarse a encontrar lo que es esencial a las normas jurídicas universales, la seguridad y la justicia, en ese sentido el documento Europeo, sí representa la esencia de la Teoría del derecho y garantiza objetivamente, a la objeción de conciencia como un derecho fundamental, ya que la justicia es subjetiva variando de persona a persona, pues constituye una idea que se forma precisamente en la conciencia de cada uno, por lo que debe protegerse esa representación mental de lo que se considera justo, dentro de los límites que más adelante señalaremos.

V.   El caso de los Estados Unidos de América.

La Constitución de los Estados Unidos de América fue escrita durante el verano de 1787, elaborada en Filadelfia en la *Convención Federal Constitucional* (Constitution of the United States of America, 2013), por 55 delegados entre los que destacan las figuras de Benjamín Franklin[46], Alexander Hamilton[47] pero sobre todo James Madison[48], para que la Constitución entrara en vigor, era necesario que fuera aprobada o ratificada por los Estados miembros de la federación, los grupos antagónicos iniciaron sus movimientos para desacreditar algunos y otros para convencer a los miembros de los Estados, estos últimos, encabezados por Hamilton, realizaron una serie de ensayos en un

---

[46] Benjamín Franklin (1706-1790), filósofo, político y científico estadounidense, cuya contribución a la causa de la guerra de la Independencia estadounidense y gobierno federal instaurado tras la misma le situaron entre los más grandes estadistas del país. Fuente Microsoft Encarta 2008.

[47] Alexander Hamilton (1757-1804), político estadounidense, conocido por su política fiscal durante la guerra de la Independencia estadounidense, y como autor de los ensayos recogidos bajo el título *El Federalista*. Fuente Microsoft Encarta 2008.

[48] James Madison (1751-1836), cuarto presidente de Estados Unidos (1809-1817), tuvo gran importancia en la redacción de la Constitución como miembro de la Convención Constitucional. Madison fue uno de los fundadores del Partido Republicano en la década de 1790 (más tarde llamado Partido Demócrata Republicano) y ocupó el cargo de secretario de Estado (ministro de Asuntos Exteriores) bajo la presidencia de Thomas Jefferson. Fuente Microsoft Encarta 2008.

periódico llamado *El federalista,* para convencer a los indecisos de las bondades del documento y lo lograron, el primer estado en ratificarla fue Delaware el 7 de diciembre de 1787 y el 21 de junio de 1788 el noveno, New Hampshire. Logrando así el grupo de los federalistas, el triunfo de su proyecto político. La constitución es un documento de sólo siete artículos, aunque con varias secciones, que cubre la parte orgánica de los tres poderes, así como el régimen de los Estados, la jerarquía normativa y las modificaciones a la Constitución. Emilio O. Rabasa destaca, que la gran omisión de esta Constitución fue la falta de un catálogo de derechos humanos (Rabasa E. , 2003, pág. 43), pero dicho problema sería subsanado en lo que se conocen como las enmiendas (Federal Bills of Rights), por lo que el 25 septiembre de 1789 fueron propuestas las primeras diez, siendo ratificadas y aprobadas paulatinamente por los Estados miembros, hasta que el 15 de diciembre de 1791 se añadieron formalmente (Vallarta Plata, 2006, pág. 63), después y a lo largo de los años se agregarían otras hasta completar 27 en 1992[49], sin embargo los

---

[49] Nota del autor. Los pocos cambios que se aprecian en la Constitución de los Estados Unidos, demuestran que es posible mantener una Carta Magna que contenga los principios fundamentales de los derechos humanos, y que en las leyes secundarias o mediante la integración con los precedentes judiciales, se pueden realizar los ajustes normativos a los cambios de los fenómenos sociales que las leyes regulan.

derechos individuales, no solo están contenidos en las enmiendas sino también se encuentran dispersos en la parte orgánica de la Constitución, en el llamado *habeas corpus,* la irretroactividad de la ley entre otros.

El tema principal que nos ocupa, la objeción de conciencia, sí estuvo presente en los debates del *Bill of Rights,* en concreto: *respecto de la carta de derechos fundamentales, no a la hora de determinar la Free Exercise Clause[50], sino a raíz de lo que sería la Segunda Enmienda, en relación con el servicio en las milicias estatales. Tres estados (North Carolina, Virginia y Rhode Island) propusieron que "cualquier persona que tenga reparos por*

---

[50] *The First Amendment's **free exercise clause** prohibits deliberate religious persecution and discrimination by the government. The government may not, for instance, outlaw a particular religion, refuse to hire someone from a particular religious group, or exclude the clergy from political office. Likewise, the **clause** prohibits the government from singling out religious practices for punishment on the basis of their religiosity. For instance, the government may not specially ban religious animal sacrifice and yet allow ordinary nonreligious killing of animals* (Constitution of the United States of America, 2013).

Traducción aproximada:

La Cláusula de libre ejercicio de la primera enmienda prohíbe la deliberada persecución y discriminación por parte del Gobierno. El Gobierno no puede, por ejemplo, prohibir una religión en particular, rehusarse a contratar a alguien de un grupo religioso en particular, o excluir al clero de cargos políticos. Asimismo, la cláusula prohíbe al Gobierno de señalar prácticas religiosas de castigo sobre la base de su religiosidad. Por ejemplo, el Gobierno especialmente no puede prohibir el sacrificio religioso de animales y aún permitir el ordinario y no religioso sacrificio de animales (Ver nota al pie 47).

motivos religiosos para tomar las armas debe ser eximida, siempre que pague una cantidad para que alguien las lleve en su lugar". El borrador que James Madison elaboró contenía una propuesta similar, añadida a lo que es actualmente la segunda enmienda, si bien dejaba a la discreción del legislativo el tema del sustituto del objetor (Palomino Lozano, 2002, págs. 39 - 40), sin embargo ya que la propuesta era controvertida no fue aprobada. Por lo que si bien, en la Constitución de los Estados Unidos, no se señala con precisión la objeción de conciencia, se encuentra presente en la primera enmienda ya que se garantiza la libertad de expresión, la de culto y asociación y el derecho de petición, al establecerse:

Congress shall make no law respecting an establishment of religion, or prohibiting the free exercise thereof; or abridging the freedom of speech, or of the press; or the right of the people peaceably to assemble, and to petition the Government for a redress of grievances (Constitution of the United States of America, 2013).

La traducción aproximada de la enmienda sería la siguiente:

El Congreso no hará ninguna ley respecto al establecimiento de religión, o prohibiendo el ejercicio libre de la misma o que coarte la libertad de expresión o de la prensa, o el derecho del pueblo de reunirse pacíficamente, y para solicitar al gobierno la reparación de agravios[51].

La libertad garantizada en la primera enmienda, en su interpretación armónica, se hace extensiva a la libertad de pensamiento y la objeción de conciencia, en los Estados Unidos de América no se ha llevado este principio al catálogo de derechos, ya que debemos de recordar, que en el mundo existen dos tipos de Constituciones, las flexibles y las rígidas, en las primeras la modificación es relativamente fácil, en las segundas en cambio, la modificación y adición requiere de un proceso mayor, la Constitución de los Estados Unidos entra en esta última categoría, por lo que los derechos humanos de segunda y tercera generación no están plenamente contenidos en su Constitución, sin embargo, se pueden entender como implícitos en otras categorías y en la propia costumbre del pueblo norteamericano, de tal forma que la garantía contenida en la Enmienda IX, permite gozar de otros derechos no señalados explícitamente, ya que dicha enmienda textualmente nos señala lo siguiente:

---

[51] Traducción realizada por el autor, con el auxilio del programa *QTranslate* versión 4.1.0 2009-2012 QuestSoft (http://www.quest-app.appspot.com/), (Consultado 10 de enero 2013).

The enumeration in the Constitution, of certain rights, shall not be construed to deny or disparage others retained by the people (Constitution of the United States of America, 2013).

La traducción aproximada de la enmienda sería la siguiente:

La enumeración en la Constitución de ciertos derechos, no deberá entenderse que niega o menosprecia otros que retiene el pueblo (Ver nota al pie 47).

De tal forma que la Constitución norteamericana, si bien rígida en su forma de modificarse, resulta sumamente flexible en la protección que otorga a sus ciudadanos, al permitir la interpretación de la norma en preceptos de justicia, al no impedirlos sino ampliarlos mediante la labor de la Corte, en palabras de Rafael Palomino, lo anterior se explica de la siguiente manera: *En la doctrina norteamericana, el concepto general de objeción de conciencia está condicionado por el cauce de tratamiento jurídico del fenómeno. El estudio de la objeción —tal vez por el carácter pragmático que imprime toda una mentalidad, también la jurídica— se centra en este tratamiento positivo: el derecho de libertad religiosa individual reconocido en Free Exercise Clause de la Primera Enmienda del Bill of Rights, hecho efectivo —primordialmente— a través de la jurisprudencia emanada del Tribunal Supremo de los Estados Unidos. Sólo después, como corolario, se llega —aunque no siempre, ni necesariamente— a establecer un concepto de objeción de conciencia* (Palomino Lozano, 2002, pág. 5). También es conveniente tomar en cuenta, que el catalogo de garantías contiene las normas mínimas y es en la legislación secundaria o en la interpretación de la corte, donde el pueblo norteamericano goza de los derechos humanos de segunda y tercera generación. Pero además, se tiene en la enmienda XIV, añadida en 1868, la garantía de que ningún Estado puede mediante leyes o actos de autoridad, menoscabar las prerrogativas de los ciudadanos, la enmienda en cuestión en la sección I, que contiene la parte que pretendo destacar, señala lo siguiente:

Section 1--All persons born or naturalized in the United States, and subject to the jurisdiction thereof, are citizens of the United States and of the State wherein they reside. No State shall make or enforce any law which shall abridge the privileges or immunities of citizens of the United States; nor shall any State deprive any person of life, liberty, or property, without due process of law; nor deny to any person within its jurisdiction the equal protection of the laws (Constitution of the United States of America, 2013).

La traducción aproximada de la enmienda sería la siguiente:

Sección 1 - Todas las personas nacidas o naturalizadas en los Estados Unidos y sometidas a su jurisdicción, son ciudadanos de los Estados Unidos y del Estado en que ellos residan. Ningún Estado podrá dictar ni dar efecto a cualquier ley que limite los privilegios o inmunidades de los ciudadanos de los Estados Unidos, ni tampoco podrá Estado alguno privar a cualquier persona de la vida, la libertad o la propiedad sin el debido proceso de ley, ni negará a nadie, dentro de su jurisdicción la protección igual de las leyes (Ver nota al pie 47).

En la sección 5 de dicha enmienda, se faculta al Congreso para hacer cumplir esta garantía mediante la legislación apropiada, es decir, no se tiene en la Constitución el medio de exigencia de las otras garantías, pero sí se cuenta, con la previsión y obligación del Congreso de expedir las normas que lo garanticen. Además de lo anterior, en el artículo III sección 2, se otorga al poder judicial un poder general para interpretar todos los casos de derecho y equidad que surjan bajo esta Constitución, en la llamada *judicial review* (revisión judicial), que como bien lo señala Emilio Rabasa, consiste en la facultad de la Corte Suprema de interpretar el sentido y significado de las leyes aprobadas, las cuales podrán ser declaradas anticonstitucionales, sean federales o de los estados, su primer antecedente es el célebre caso de *Marbury vs Madison*, en el que el juez John Marshall, declaró inconstitucional la ley judicial de 1789 por sobrepasar el marco constitucional de distribución de competencias (Rabasa E. , 2003, pág. 47). Por lo que aún sin estar expresamente declarada una medida de protección, la integración e interpretación que se realiza en el sistema norteamericano, permite esta protección en la interpretación, *lato sensu* del artículo III sección 2. Por lo que pese a que en los Estados Unidos se cuenta con una Constitución desde 1788 y que las enmiendas realizadas, la mayoría de ellas son añejas, ello no significa un rezago de sus garantías que pueda afectar la esfera jurídica de sus ciudadanos, ya que la integración resultante de la intervención de sus tribunales, lleva a la práctica la actualización de su derecho, el pragmatismo norteamericano es la fuente del sostenimiento de sus instituciones y su vida democrática, lo que refleja la intención de su norma y el comportamiento de su Corte al interpretar la ley, no solo en la literalidad de sus palabras, sino además, en el sentido que encierran a la luz de los nuevos fenómenos sociales que está obligada a regular, Don Eduardo García Máynez explica la labor interpretativa de la Corte de la siguiente manera: *La tarea interpretativa no está irremisiblemente ligada al momento de la publicación, sino que debe hacerse en relación con las exigencias, siempre nuevas y cambiantes, de cada época histórica. Tal posibilidad de adaptación a las necesidades de la vida obedece a la multiplicidad de interpretaciones que la fórmula legal permite, cuando en ella no se ve la expresión de un querer subjetivo, sino una manifestación del derecho, objetivamente considerado* (García Máynez, 1995, pág. 351).

De todas formas, en los Estados Unidos de América, se reconoce la objeción de conciencia al servicio militar obligatorio por motivos religiosos, ya que se atiende a una política liberal que comenzó en la Pensilvania colonial, cuyo gobierno estaba controlado hasta 1756 por los pacifistas cuáqueros, ya desde la Guerra Civil y la promulgación de la primera ley de reclutamiento en los Estados Unidos, algún tipo de prestación social sustitutoria se ha concedido a aquellos que no quieren prestar el servicio de las armas. Bajo las leyes de conscriptos de 1940, la condición de objetor de conciencia, incluyendo algún tipo de servicio relacionado con las actividades militares, fue concedida, pero únicamente sobre la base de la pertenencia a una rama religiosa reconocida como pacifista, ya que las objeciones de carácter filosófico, moral política o personal no se consideraron razones válidas para rechazar el servicio militar obligatorio (Conscientious objector, 2013). Pero en los Estados Unidos existen tres formas de ingresar al servicio de las armas: el alistamiento voluntario, el forzoso y el nombramiento. En el alistamiento voluntario, al igual que en la mayoría de los países, el ciudadano común y corriente decide ingresar al servicio de las armas mediante un contrato de servicio. En el nombramiento, se aplica exclusivamente a los militares de las academias, por lo que tiene su propio mecanismo de ingreso y reciben un nombramiento para ser asignados a una determinada compañía o cuerpo. Pero en el alistamiento forzoso, que es el que nos interesa, se ingresa mediante el reclutamiento, la objeción de conciencia se plantea en los casos que se tiene la obligación de ingresar en el servicio de las armas, en estos casos han existido algunos objetores famosos como el pugilista *Muhammad Alí* [52], quien en 1966 fue seleccionado para servir en las fuerzas armadas de los Estados Unidos, Alí solicitó la condición de objetor de conciencia, pero fue rechazado tanto por su junta de reclutamiento local y la Junta Estatal de Apelación, el asunto fue remitido luego al Departamento de Justicia, los cuales en una carta a la Junta de Apelación, aconsejaron en contra de otorgar la condición de objetor, por lo que el asunto se decidió en la Corte Suprema, la cual falló a favor de Muhammad Alí (U.S. Supreme Court. CLAY, aka ALI v. UNITED STATES, 1971).

---

[52] Muhammad Alí (1942-), boxeador estadounidense, una de las más extraordinarias figuras de la historia del deporte. En 1978 se convirtió en el primer púgil que conseguía el título de campeón del mundo del peso pesado en tres ocasiones distintas. Su nombre original era Cassius Marcellus Clay, hasta que adoptó el de Muhammad Alí, en 1964, tras convertirse al islam. Fuente Microsoft Encarta 2008.

Existe también la objeción superveniente, llamada *in-service conscientious objector,* que podemos traducir como objetor de conciencia en servicio, es decir, aquellos que ingresaron voluntariamente en el ejército y, posteriormente objetan su participación militar, al encontrar razones morales, éticas o religiosas, posteriores a su ingreso en las fuerzas armadas. No voy a detenerme en el análisis de la historia de la objeción de conciencia en los Estados Unidos, para ello, recomiendo otras obras que tratan el tema como un asunto central, como la Tesis doctoral de Rafael Palomino Lozano, denominada: *Las objeciones de conciencia en el Derecho norteamericano*, disponible en línea en la página web: http://eprints.ucm.es/2170/, para el caso que estudiamos baste con señalar, que la historia de objeción de conciencia en los Estados Unidos es añeja y funciona en base a la interpretación de los principios de sus enmiendas y las leyes posteriores que la reconocen, ... *La fórmula legislativa concreta para la objeción de conciencia puede traducirse así: ninguna disposición de este título se podrá interpretar de modo que se pueda exigir a una persona someterse a la instrucción de combate y al servicio militar si, por razón de formación religiosa y creencia, es objetor de conciencia a la participación en la guerra, en cualquiera de sus formas* (Palomino Lozano, 2002, pág. 45). Sin embargo, actualmente en los Estados Unidos no existe un reclutamiento obligatorio por medio de la *Military Selective Service Act* desde junio de 1973, ya que los militares son por el momento, un cuerpo de voluntarios (Selective Service Acts, 2013), limitándose a impulsar el reclutamiento voluntario y quedando abierta la posibilidad de hacerlo obligatorio solo en caso necesario.

Existen además, otros tipos de objeciones que han surgido posteriores a la militar, pero de ellas daremos cuenta en un capítulo posterior y solo he querido referirme a la que dio pie al resto de las objeciones.

VI.   El caso de España.

En épocas recientes, ha sido en España donde el tema de la objeción de conciencia se ha discutido por más de cincuenta años, el primer caso de objeción de Conciencia en suelos españoles, del que se tenga noticia, fue en 1958 (Robles Mayoral) y derivado de motivos religiosos, el grupo autodenominado: *testigos de Jehová*[53] fueron los primeros que objetaron el cumplimiento del servicio militar obligatorio, lo que les valió penas de seis meses a seis años de prisión, y una vez cumplida la pena se les volvía a llamar a filas, convirtiéndose de nueva cuenta en infractores y dictándose nueva sentencia, por ello se le llamó la condena en cadena. Desde esas primeras manifestaciones, la lucha por el reconocimiento de derechos continuó en España, en 1967 hubo una serie de planteamientos no violentos, pidiéndole al Ministerio de Defensa

---

[53] *Testigos de Jehová*, grupo religioso cristiano, fundado en 1872 en Pittsburgh, Pensilvania, por el predicador estadounidense Charles Taze Russell. Sus primeros miembros se denominaban a sí mismos "estudiantes de la Biblia", aunque algunas personas se referían a ellos como "russellitas". Desde 1884, su órgano de gobierno es la *Watch Tower Bible and Tract Society of Pennsylvania* (Atalaya Bíblica y Sociedad del Manifiesto de Pensilvania). La *International Bible Students Association* (Asociación Internacional de Estudiantes de la Biblia), fundada en Londres en 1914, es una organización europea afiliada. La sede internacional de los Testigos de Jehová radica en Brooklyn, Nueva York. Los Testigos reconocen lealtad tan sólo al Reino de Jesucristo. Por lo tanto, se niegan a saludar bandera alguna, votar, realizar el servicio militar o a expresar lealtad de otro modo a ningún gobierno secular. Esta política les ha creado conflictos con las autoridades institucionales de muchos países. Fuente Microsoft Encarta 2008.

una alternativa de un Sistema Civil para el cumplimiento del servicio militar. En 1970, se presenta ya el primer proyecto de Ley de Objeción de Conciencia, pero la comisión de Defensa Nacional lo consideró como un atentado a la conciencia nacional española. En 1971, en los últimos años del franquismo, algunos jóvenes conscriptos se negaron a cumplir el servicio militar con argumentos que inquietaron a las autoridades de la dictadura Franquista, planteando una objeción de conciencia que evocaba postulados antimilitaristas, sobre todo los que resultaban de la contraposición de valores como la paz, la justicia y la no violencia versus las ideas del militarismo, injusticia social y la obediencia ciega. Este grupo de jóvenes, fueron los primeros que presentaron una objeción y no pertenecían al grupo religioso Testigos de Jehová, entre ellos destacaba Pepe Beunza, quién en el consejo de guerra celebrado en Valencia el 23 de abril de 1971, planteó la objeción no como una convicción religiosa, sino por motivos éticos, declarando: *Soy católico, pero me parece equivocado alegar este motivo cuando en mi país los obispos tienen graduaciones y honores militares y presiden los desfiles... Creo mejor plantearlo por motivos éticos* (Oliver Olmo, 2009). Beunza no era un loco, como el mismo lo cuenta lo podía comprobar, ya que voluntariamente se hizo examinar por un psiquiatra, *...Cuando le decía a la gente que no iba a hacer la mili, que iba a* *hacer objeción de conciencia, me decían que estaba loco, así que fui a que me hicieran un reconocimiento psiquiátrico, aunque yo pensaba que estaba bien. Para mí la acción tenía dos finalidades: una era aguantar el tiempo de cárcel y seguir vivo y poder hacer muchas cosas, y la segunda era que durante el tiempo que estuviera en la cárcel el tema de la objeción cogiera un poco de fuerza y se reconociera el derecho a negarte a hacer la mili. Un aspecto personal y un aspecto sociopolítico. Me fui a hacer el reconocimiento, fui a un gabinete psiquiátrico de Barcelona y me dijeron si quería que declararan que estaba mal de la cabeza para no hacer la mili. Yo les dije que no, que quería que declararan que estaba bien de la cabeza para negarme a hacerla. Les costó un poco pero al final lo entendieron: «Ya estás preparado para negarte y en principio no tienes ninguna "tecla rara" que te pueda fallar»* (Beunza, Pepe Beunza: charla en Valencia con motivo del 25 aniversario de su primer Consejo de Guerra (1996), 2002, pág. 63); su caso despertó amplios grupos de apoyo a nivel estatal e internacional. La campaña tuvo eco en algunos países europeos, como la marcha desde Ginebra a la cárcel de Valencia, creando un precedente y estableciendo el primer peldaño para construir esta figura en España. Es en 1971 cuando se presenta el 2º proyecto de Ley de objeción de conciencia, pero tampoco prospera. Desde 1958 hasta 1976, pasaron por prisión en España 285 objetores

(Robles Mayoral), las condenas sumaban 3,218 años de los cuales fueron cumplidos 1,904, es precisamente en 1976 cuando se concede la amnistía a presos políticos y se pone en libertad a los objetores de conciencia encarcelados, sin embargo la objeción seguía sin reconocerse plenamente, pero la semilla de este derecho civil ya había sido sembrada, siendo más tarde reconocida por la Constitución Española de 1978, la cual en su artículo 30 la señala expresamente:

1. Los españoles tienen el derecho y el deber de defender a España.

2. La ley fijará las obligaciones militares de los españoles y regulará, con las debidas garantías, la objeción de conciencia, así como las demás causas de exención del servicio militar obligatorio, pudiendo imponer, en su caso, una prestación social sustitutoria.

3. Podrá establecerse un servicio civil para el cumplimiento de fines de interés general.

4. Mediante ley podrán regularse los deberes de los ciudadanos en los casos de grave riesgo, catástrofe o calamidad pública (Constitución Española de 1978, 2011).

Como se puede observar del texto transcrito, la Constitución Española reconoce en su artículo 30, la figura de la objeción de conciencia en contra del servicio militar, sin embargo no se encuentra acotada al caso del servicio de las armas, ya que como lo explica el profesor Don Rafael Navarro Valls: *Cuando se promulga la Constitución de 1978, la única objeción de conciencia con entidad que se planteaba en España era la relativa al servicio militar. La ley del aborto no se había promulgado, los problemas de conciencia relacionados con la bioética todavía no habían estallado, la negativa por razones éticas a formar parte de un jurado solamente podían vislumbrarse, la objeción de conciencia fiscal a pagar impuestos destinados a actividades militares o a trabajar en días considerados festivos por la propia religión eran cuestiones sin clara trascendencia práctica. Algo similar acontecía con la objeción de conciencia a recibir determinados tratamientos médicos o a cumplir las disposiciones sobre escolarización obligatoria, etc. De ahí que la Constitución explícitamente sólo se refiriera, en su art. 30, a la objeción de conciencia al servicio militar. Sin embargo, a partir de los años 80, se produce lo que suelo llamar un big-bang jurídico, que expande de modo masivo los conflictos conciencia contra ley* (Alfa y Omega, 2001). Y es que el Tribunal Constitucional Español, desde una sentencia del 11 de abril de 1985, reconoce que la objeción de conciencia puede ser aplicada a cuestiones distintas del servicio militar, exista o no, una ley especifica que la regula al ser un derecho fundamental, ya que en dicha sentencia textualmente se indica:

No obstante, cabe señalar, por lo que se refiere al derecho a la objeción de conciencia, que existe y puede ser ejercido con independencia de que se haya dictado o no tal regulación. La objeción de conciencia forma parte del contenido del derecho fundamental a la libertad ideológica y religiosa reconocido en el art. 16.1 de la Constitución y, como ha indicado este Tribunal en diversas ocasiones, la Constitución es directamente aplicable, especialmente en materia de derechos fundamentales (Recurso previo de inconstitucionalidad 800/1983, 1985).

Las Cortes Españolas, al igual que las de los Estados Unidos, reconocen la amplitud interpretativa, permitiendo que la protección de los derechos humanos, no se límite a un señalamiento expreso de la ley, sino reconociendo que al existir el derecho para proteger determinada garantía, debe ampliarse su aplicación. Concretamente, la Corte Española aplicó la objeción de conciencia contenida en el artículo 30, armonizando la protección de la figura jurídica a otro derecho fundamental contenido en el artículo 16.1, para mejor ilustración se transcribe la disposición normativa recién mencionada:

Artículo 16

1. Se garantiza la libertad ideológica, religiosa y de culto de los individuos y las comunidades sin más limitación, en sus manifestaciones, que la necesaria para el mantenimiento del orden público protegido por la ley (Constitución Española de 1978, 2011).

La libertad ideológica, religiosa y de culto, fue también protegida por la objeción de conciencia, una vez más, vemos que el sentido de justicia no necesita una declaración expresa para hacerse presente, bastando el marco normativo de las garantías, para que mediante la labor judicial puedan ser protegidos todos los derechos fundamentales. En el caso Español, resulta lógico que la objeción de conciencia no se limite solamente al servicio de las armas, ampliando su protección a la libertad ideológica y a otros supuestos que no se regularon expresamente en la constitución, convirtiéndolo en un medio de protección aún sin estar presente en las leyes positivas.

VII. La objeción en otros países y la escasez de legislación en México.

La figura jurídica de la objeción de conciencia, no solo se encuentra presente en los Estados Unidos de América y España, en realidad un gran número de países la han adoptado a lo largo de los años, las muestras de la aplicación de la figura se encuentran históricamente documentadas, como el caso de los menonitas[54], quienes en el siglo XVI se negaban a participar en la guerra, de igual forma se negaron los miembros de la *Society of Friends* en Inglaterra en el siglo XVII, mejor conocidos como los cuáqueros[55], situación similar ocurrió con la   *Church of the Brethren*[56] y los *Dukhobors*[57] en Rusia en el siglo XVIII. Fruto de la

---

[54] Menonitas, surgieron en Suiza, hacia el año 1520, como un grupo protestante radical que apoyaba la posición que sostenía el reformador Zuinglio. La causa de su ruptura con él fue por la diferente opinión sobre el bautismo de los niños, por lo que también se les llamó anabaptistas. Como se negaban a aceptar el concepto de una Iglesia estatal, a aprobar la guerra o el servicio militar, se les consideró un grupo subversivo y fueron víctimas de persecuciones. Más o menos por la misma fecha surgió un movimiento paralelo en los Países Bajos, liderado por Menno Simons, de cuyo nombre deriva el de menonitas. Educado en la disciplina clerical y ordenado en 1524, poco a poco Menno Simons se inclinó hacia una posición más radical, hasta que en 1537 empezó a predicar el bautismo de los creyentes y la resistencia pasiva. Fuente Microsoft Encarta 2008.

[55] Cuáquero, (Del ingl. *quaker*, tembloroso). m. y f. Individuo de una doctrina religiosa unitaria, nacida en Inglaterra a mediados del siglo XVII, sin culto externo ni jerarquía eclesiástica. Se distingue por lo llano de sus costumbres, y en un principio manifestaba su entusiasmo religioso con temblores y contorsiones. Fuente Microsoft Encarta 2008.

negativa, durante el siglo XIX los menonitas de Prusia quedaron exentos del servicio militar a cambio de un impuesto militar, y hasta 1874 estaban exentos en Rusia.

En la Gran Bretaña, producto de la gran cantidad de objetores de conciencia, un grupo no combatiente se estableció durante la Primera Guerra Mundial, para servir de auxilio a los soldados, pero muchos objetores de conciencia se negaron a pertenecer a ella. Durante la Segunda Guerra Mundial, se concedían tres tipos de exención al servicio de las armas: incondicional, condicionada a la realización de obra civil determinada y, exención sólo de los derechos de combatientes.

Hasta el inicio de la década de los años sesentas, ni Francia (pese a que existió en la época Napoleónica) ni Bélgica, tenían disposiciones aplicables para los objetores de conciencia, aunque en ambos países la opinión pública era a favor de la figura, sobre todo en Francia por la impopularidad de la guerra de Independencia Argelina, en Francia el reconocimiento a la

---

[56] Church of Brethren, fundada en 1708 en Schwarzenau, Alemania, por un grupo de luteranos. Debido a la persecución y necesidad económica, prácticamente todo el movimiento emigró a Norteamérica, a principios de 1719 (Durnbaugh, 2000)

[57] Dukhobors, secta religiosa campesina rusa, prominente en el siglo 18, que rechazaba toda autoridad externa, incluyendo la Biblia, en favor de la revelación personal directa (Dukhobor. In Encyclopædia Britannica., 2013)

objeción de conciencia se logró en 1963, proporcionando un servicio civil no combatiente aunque con el doble de tiempo que la del servicio militar. Bélgica promulgó una ley similar en 1964, que reconoce a toda objeción al servicio militar por razones religiosas, filosóficas y morales.

En los países de Escandinavia[58], se reconocen todos los tipos de objetores, quienes deben proporcionar un servicio como no combatiente y civil. En Noruega y Suecia, por ejemplo, la defensa civil es obligatoria, sin reconocimiento legal de la objeción a este tipo de servicio. Una ley sueca de 1966, proporcionó una exención total del servicio militar obligatorio para los llamados *Testigos de Jehová*.

Durante el período de la partición Alemana (1949-1990), la República Federal (RFA) reconoció todos los tipos de objeciones, pero debían de prestar un servicio civil alternativo, mientras que

---

[58] Escandinavia (denominada antiguamente *Scandia*), nombre que se aplica colectivamente a tres países de Europa septentrional: Noruega, Suecia (que juntos forman la península Escandinava) y Dinamarca. Los tres países se agrupan de esta manera debido a su común pasado histórico, cultural y lingüístico. El término Escandinavia a menudo se amplía para incluir a Islandia, que está relacionada lingüísticamente con los otros países, y, con menos frecuencia, a Finlandia, que no tiene tal relación. El término nórdico se aplica a los cinco países de Europa septentrional (Noruega, Suecia, Dinamarca, Finlandia e Islandia) los cuales tienen en común factores geográficos, económicos y sociales comunes. Fuente Microsoft Encarta 2008.

después de 1964 la desaparecida Alemania del Este, reconoció a los objetores de conciencia, quienes también debían prestar un servicio como no combatientes (Conscientious objector, 2013).

En nuestro continente, Canadá también reconoce el derecho a la objeción de conciencia, como un derecho fundamental y podríamos decir que es parte de su Constitución, pero hablar de la Constitución del Canadá plantea en primer lugar, una interrogante, entender lo que es para el Canadá una constitución, por eso Emilio Rabasa al hablar de la organización constitucional de ese país, inicia con esta pregunta *¿Qué es una Constitución canadiense?* (Rabasa E. , 2003, pág. 14), porque no tiene para los Canadienses la misma significación que para nosotros, ya que para la mayoría de los países la Constitución es un documento único, que constituye la ley máxima. Para los países de herencia romana como el nuestro, en efecto, la constitución es un documento único y el último en vigor; en el caso de los Estados Unidos, también es un documento único, aunque con algunas enmiendas, pero se consideran como parte integrante de la Constitución, pero para el Canadá, no hay un escrito único que pueda considerarse Constitución, ya que está formada por diversos documentos que comprenden el acta original de 1867, otras actas constitucionales: 1960, 1965, 1975, los estatutos que crean nuevas provincias y la nueva acta constitucional de 1982, al igual que las convenciones, el *common law,* el derecho escrito en la zona francesa y las tradiciones de los pueblos indígenas. Lo que más se aproxima a una Constitución, según Peter W. Hogg, citado por Rabasa (Rabasa E. , 2003, pág. 16), *es el acta constitucional de 1867,* sin embargo, no es la que contiene el catálogo de derechos, ese lo encontramos en la llamada *Acta de Canadá de 1982*, la cual contiene un anexo B, este documento se compone de siete partes y es al que corresponde a los que conocemos como garantías individuales. En el artículo segundo, se protegen las libertades fundamentales siguientes: libertad de conciencia y religión, libertad de pensamiento, de creencia, de opinión, de expresión incluyendo la libertad de prensa, libertad de reunión pacífica y de asociación, por lo que constituye el mecanismo adecuado para invocar la objeción de conciencia, aunque en la práctica, generalmente se opone la noción de inconstitucionalidad (Trejo Osornio, 2010, pág. 92).

En Hispanoamérica, la objeción de conciencia es reconocida en varios países: Bolivia, Chile, Cuba, Perú y Venezuela (Trejo Osornio, 2010, págs. 91, 93, 99, 100), pero en los Estados Unidos Mexicanos, como lo adelantábamos en la introducción de esta obra, no es reconocida, si bien contamos con la figura de amparo, tal mecanismo de protección constitucional no ha resultado adecuado, ya que en la objeción, la norma no resulta inconstitucional ni es violatoria de las llamadas garantías individuales, sino que simplemente se enfrenta a una resistencia interna en el individuo, un choque con las convicciones del gobernado, que no encuentra asidero en la inconstitucionalidad propia que protege el juicio de amparo, pues lo ordenado en la norma no es contrario al orden establecido, simplemente se disputa el cumplimiento en el raciocinio, atribuyéndole el calificativo de injusto. En la aplicación de la objeción de conciencia, tenemos un derecho que forma parte de una justicia extendida, que no aplica a todos, ya que atiende a elementos subjetivos axiológicos de quien objeta, de tal manera que la salvaguarda del derecho fundamental del libre pensamiento, debe abarcar más allá de que un texto legal sea contrario a la ley o su interpretación, debe atender a lo que el individuo considera justo, con los límites por supuesto, que no dañe a terceros, ya que en una verdadera democracia, el Estado, tiene el compromiso y la obligación de reconocer esos derechos, que normalmente surgen en grupos minoritarios, para permitirles oponerse a la aplicación de la norma, cuando su negativa no perjudica a terceros y tienen motivos personales de conciencia para negarse al cumplimiento. Como lo he mencionado, en nuestro país, existe una ausencia casi total de legislación que permita que grupos minoritarios, objeten por razones personales el cumplimiento de la norma, José Luis

Soberanes en relación a la objeción de conciencia ha señalado: ... *cuando en México se oye hablar de objeción de conciencia generalmente vienen a nuestra mente anécdotas más o menos pintorescas, en ocasiones dramáticas, de los miembros de alguna o algunas sectas religiosas que prohíben a sus hijos hacer honores a la bandera o recibir una trasfusión sanguínea* (Soberanes Fernández, 1995), ... por lo anterior explica Soberanes, no es extraño que en la reforma jurídico-religiosa de 1992, quedara expresamente prohibido a los ministros de culto religioso, en el artículo 130 constitucional, inciso e) lo siguiente: ...*Tampoco podrán en reunión pública, en actos del culto o de propaganda religiosa, ni en publicaciones de carácter religioso, oponerse a las leyes del país o a sus instituciones, ni agraviar, de cualquier forma, los símbolos patrios* (CONSTITUCION POLITICA DE LOS ESTADOS UNIDOS MEXICANOS QUE REFORMA LA DE 5 DE FEBRERO DE 1857, 2013), la Suprema Corte de Justicia de la Nación ha considerado, que cuando en la interpretación literal de una norma jurídica, se llega a una conclusión incongruente con la Constitución Federal, se deberá elegir otro sistema interpretativo que la haga compatible (Suprema Corte de Justicia de la Nación, 2000), sin embargo en este caso, es la propia Constitución la que prohíbe la objeción de conciencia. Es claro que nuestra Carta Magna, no solo no contempla la objeción de conciencia, sino que la proscribe, en concordancia con este artículo constitucional, el artículo primero, párrafo segundo, de la Ley de Asociaciones Religiosas y Culto Público, de manera dogmática afirma: *Las convicciones religiosas no eximen en ningún caso del cumplimiento de las leyes del país. Nadie podrá alegar motivos religiosos para evadir las responsabilidades y obligaciones prescritas en las leyes* (Ley de Asociaciones Religiosas y Culto Público, 2011), por su parte el reglamento de la ley (REGLAMENTO de la Ley de Asociaciones Religiosas y Culto Público., 2003), no contempla ningún procedimiento para que administrativamente sean oídos, por parte de la Secretaría de Gobernación, las objeciones de conciencia de los miembros de los grupos religiosos. Por lo que los grupos, como los adventistas del séptimo día y los judíos ortodoxos, que se oponen a realizar servicio militar porque se realiza en sábado y los testigos de Jehová, que se oponen a rendir culto a la bandera, no cuentan con un cumplimiento alterno. De igual manera, la despenalización del aborto en algunas partes del País y sobre todo en el Distrito Federal, también han generado problemas de objeción de conciencia, ante la obligación laboral de los médicos que deben practicarlo, cuando resulta contrario a sus convicciones éticas o religiosas. Lamentablemente, en nuestra Nación, no solo existe una ausencia casi total de la figura jurídica de la objeción de conciencia (salvo algunos casos que mencionaremos más adelante) es más en materia religiosa, existe la prohibición expresa como lo he señalado, prohibir la oposición ética de los ciudadanos, es una forma de violentar la garantía del libre pensamiento, por ello, siguiendo el pensamiento liberal de otros países, esta figura debe ser objeto de cuidadosa reglamentación legislativa que garantice todas las libertades.

CAPÍTULO III. Los tipos de objeción de conciencia.

I.   *Objeción de conciencia y desobediencia civil.*

La objeción de conciencia y la desobediencia civil a menudo llegan a confundirse y es que en efecto, ambas posiciones implican actitudes y comportamientos parecidos ante la ley que es considerada injusta, por lo que en ocasiones nos llegan a complicar el entender la diferencia entre ambas figuras, ya que las dos parten del mismo punto, un grupo que mantiene un sentimiento de injusticia a lo que la norma dispone, y es que el derecho no siempre refleja los valores y posiciones de todos los miembros de la sociedad, por lo que resulta contrario a los fines que el derecho persigue, por lo menos para un grupo o sector de esa sociedad. Para intentar explicar las diferencias entre los conceptos de objeción de conciencia y desobediencia civil, analicemos unas líneas de Henry Thoreau[59], el gran filósofo norteamericano, quien eligió ir a la cárcel, en lugar de pagar los

---

[59] Henry David Thoreau (1817-1862), escritor, filósofo y naturalista estadounidense, cuya obra demuestra cómo los ideales abstractos de libertad e individualismo pueden realizarse en el ámbito de nuestras vidas. Nació en 12 de julio de 1817, en Concord (Massachusetts), en el seno de una familia de comerciantes, y estudió en la Universidad de Harvard. Thoreau murió el 6 de mayo de 1862 en la misma ciudad en que había nacido. Fuente Microsoft Encarta 2008.

impuestos a un gobierno que admitía la esclavitud y estaba envuelto en una guerra con México, en su ensayo de 1849 denominado *Desobediencia civil,* Thoreau manifestó: *Existen leyes injustas: ¿debemos estar contentos de cumplirlas, trabajar para enmendarlas, y obedecerlas hasta cuando lo hayamos logrado, o debemos incumplirlas desde el principio? Las personas, bajo un gobierno como el actual, creen por lo general que deben esperar hasta haber convencido a la mayoría para cambiarlas. Creen que si oponen resistencia, el remedio sería peor que la enfermedad. Pero es culpa del gobierno que el remedio sea peor que la enfermedad. Es él quien lo hace peor. ¿Por qué no está más apto para prever y hacer una reforma? ¿Por qué no valora a su minoría sabia? ¿Por qué grita y se resiste antes de ser herido? ¿Por qué no estimula a sus ciudadanos a que analicen sus faltas y lo hagan mejor de lo que él lo haría con ellos? ¿Por qué siempre crucifica a Cristo, excomulga a Copérnico y a Lutero y declara rebeldes a Washington y a Franklin?* (Thoreau, 1849). En la obra señalada de Thoreau, se sentaron las bases de la resistencia pasiva y lo que se considera la desobediencia civil, un método de protesta que busca cambiar las leyes por considerarlas injustas, el cambio se busca, porque la ley resulta inconsistente al propio sistema jurídico, es decir, la oposición es en contra de una norma o conjunto de ellas en especial, y no todo el sistema jurídico, solamente con aquellas que contradicen la letra de la ley, el andamiaje jurídico o el espíritu con que se encuentra redactado, Mariana Velasco explica ese sentimiento de injustica de la siguiente manera: *una norma puede ser criticada como injusta mostrando simplemente que hay una inconsistencia entre ella y otras normas ya aceptadas por esa misma sociedad. Éste es un procedimiento corriente en las sociedades democráticas. Así, por ejemplo, en una sociedad en que la igualdad de los sexos es reconocida en importantes relaciones sociales –hombres y mujeres tienen los mismos derechos civiles, por ejemplo–, puede criticarse como injusto (= inconsistente) que se acepten en ella normas o prácticas que supongan salarios diferentes para hombres y mujeres que realizan el mismo trabajo. En ese contexto, la consigna "igual pago por igual trabajo para hombres y mujeres" no cuestiona la justicia general de las normas vigentes, sólo muestra que existe una inconsistencia entre ellas* (Velasco, 2011, pág. 43). En la desobediencia civil, existe una cuestión de injusticia y se busca que la norma sea cambiada, por ser lo natural al sistema jurídico que impera, la pretensión es que mediante la protesta y la abierta desobediencia a la ley, que en ocasiones es el único camino cuando ni los legisladores, ni el poder judicial atienden al reclamo social, que busca modificar las leyes injustas.

Analicemos ahora el caso más celebre en los Estados Unidos de América, la lucha por los derechos civiles en contra de la discriminación, encabezada por Martin Luther King[60], quien era un pastor protestante y en 1954, se hizo cargo de una iglesia en la ciudad sureña de Montgomery, Alabama, en esa época en los Estados Unidos de América, existían leyes de tipo *Apartheid*[61] las cuales segregaban a las personas de piel obscura de aquellos considerados "blancos", ya que si bien después de la abolición de la esclavitud en los Estados Unidos en 1863, cuando entró en vigor la proclamación de Emancipación de los esclavos estadounidenses por Abraham Lincoln[62], la Constitución norteamericana sufrió tres enmiendas: la XIII en 1865 que plasmó la abolición de la esclavitud a rango constitucional, la XV en 1870 que garantizaba el derecho al voto sin importar la condición de

---

[60] Martin Luther King (1929-1968), religioso estadounidense, premio Nobel de la Paz, uno de los principales líderes del movimiento para la defensa de los derechos fundamentales e importante valedor de la resistencia no violenta ante la discriminación racial. Fuente Microsoft Encarta 2008.

[61] *Apartheid*, política de segregación racial practicada en la República de Sudáfrica. El término *apartheid* en lengua afrikaans significa separación y describe la rígida división racial entre la minoría blanca gobernante y la mayoría no blanca, vigente hasta las primeras elecciones generales de 1994. Fuente Microsoft Encarta 2008.

[62] Abraham Lincoln (1809-1865), político estadounidense, presidente de Estados Unidos (1861-1865), condujo a la Unión a la victoria en la Guerra Civil y abolió la esclavitud. Fuente Microsoft Encarta 2008.

raza o color, pero sobre todo la XIV establecida en 1868, que en la parte que nos interesa señala lo siguiente:

Section 1--All persons born or naturalized in the United States, and subject to the jurisdiction thereof, are citizens of the United States and of the State wherein they reside. No State shall make or enforce any law which shall abridge the privileges or immunities of citizens of the United States; nor shall any State deprive any person of life, liberty, or property, without due process of law; nor deny to any person within its jurisdiction the equal protection of the laws (Constitution of the United States of America, 2013).

En la parte final de la transcripción recién realizada, podemos notar, que ningún Estado de la Federación podía dictar ni dar efecto a ninguna ley que limitara los privilegios o inmunidades de los ciudadanos de los Estados Unidos, ni tampoco privar a cualquier persona de la vida, la libertad o la propiedad sin el debido proceso de ley, ni negar a nadie, la protección igual de las leyes. Sin embargo, a pesar de las modificaciones constitucionales, el Tribunal Supremo de los Estados Unidos admitió el reclamo de los "blancos", considerando a las personas de raza obscura como ciudadanos de segunda clase, permitiendo las normas de segregación: en el transporte, servicios públicos, instalaciones recreativas, prisiones, fuerzas armadas, instalaciones educativas, ya que en *1896 la Corte Suprema sancionó la separación legal de las razas por su fallo en HA Plessy v J.H. Ferguson, que sostuvo que las instalaciones separadas pero iguales no violaba la Decimocuarta Enmienda de la Constitución de los Estados Unidos* (A Century of Racial Segregation, 1849-1950). Con el marco jurídico que acabamos de describir, podemos entender mejor la lucha de Martin Luther King, quien al poco tiempo de llegar a Montgomery organizó y dirigió un masivo boicot, de casi un año, contra la segregación en los autobuses municipales, lo que se pedía, era que en base a la enmienda XIV, se abrogaran y derogaran, las leyes y los artículos que permitían la segregación racial, ya que en la vía de impugnación judicial dichas normas no se habían considerado violatorias de las garantías individuales, por lo que el único camino posible era la desobediencia civil, su actuación y la de sus seguidores, permitió la igualdad de acceso para personas de distintas razas a las bibliotecas, comedores y estacionamientos. Después de analizar el caso de Luther King, podemos recapitular y entender, que en el caso de la desobediencia civil, lo que se busca es que la norma sea cambiada, por ser lo natural al sistema jurídico que impera o que debería imperar, cuando no se tiene otra medida por apatía o indiferencia de los poderes del Estado, la pretensión es que mediante la protesta y la abierta desobediencia a la ley, la norma se ajuste al sistema jurídico imperante. La desobediencia civil engloba las manifestaciones de negarse a obedecer al Derecho, se respeta el sistema jurídico, pero se intenta cambiar una parte del mismo. Para José López Guzmán, los principales rasgos que definen a la desobediencia civil son los siguientes:

• *Se parte del respeto a la libertad ajena.*

• *Implica un comportamiento que pretende hacer prevalecer sus puntos de vista mediante la adhesión de la mayoría.*

• *Tal conducta no vulnera las reglas fundamentales de la democracia, ya que en todo momento se acepta el sistema de legitimidad establecido.*

• *Persigue un cambio, pero con fidelidad al sistema globalmente considerado.*

• *Utiliza procedimientos no violentos.*

• *Implica la aceptación de la sanción jurídica, ya que, como se ha afirmado, si el infractor se adhiere a los principios de justicia que inspiran el modelo constitucional, parece lógico que también consienta la justa reacción del ordenamiento* (López Guzmán, 2011).

Quedando claro lo que es la desobediencia civil, podemos afirmar que una de sus diferencias con la objeción de conciencia, estriba en el hecho de que, como lo señala Pablo Lucas Murillo, se configura *como un derecho individual que ampara una pretensión de exención de un determinado deber en razón de las convicciones profundas de quien lo ejerce* (Murillo de la Cueva, 2008), la objeción de conciencia entonces, no es un reclamo colectivo sino individual basado en las creencias o convicciones del objetor, que no apela a las convicciones de la sociedad, sino a las personales, y lo que busca es el respeto a la libertad de conciencia; otra diferencia que podemos destacar es el hecho de que la desobediencia civil, según Mariana Gascón, *es un acto meramente político no sólo porque va dirigido a la mayoría que detenta el poder público, sino también porque es un acto justificado por principios políticos* (Trejo Osornio, 2010, pág. 39), en la objeción de conciencia, si bien puede haber ideas políticas, esencialmente se basa en principios religiosos, éticos o morales, ya que consiste en el incumplimiento por parte de una persona, de una obligación de naturaleza legal cuya ejecución produciría una lesión únicamente en sus convicciones personales; el objetor realiza una manifestación externa de su libertad ideológica para pedir la no aplicación de la norma, alegando como única afectación, la conciencia, el acto mental mediante el cual se percibe así mismo. Por ese contenido interno de conciencia, cabe preguntarse, si la afectación de la que se duele el objetor, solamente tiene un contenido interno, ¿por qué sería importante considerar esta figura jurídica?, en palabras de José López Guzmán: *La razón puede radicar en la creciente preocupación por encontrar un equilibrio e integración entre mayorías y minorías* (López Guzmán, 2011, pág. 24), mientras más espacios de libertad gocemos y reconozcamos los derechos de las minorías, estaremos más cerca de una verdadera convivencia civilizada, ajena a todo proceso de discriminación y con valores éticos.

II.   Las objeciones de conciencia.

Antes de tratar de mencionar algunas de las diferentes manifestaciones de la objeción de conciencia, considero primordial señalar, que la objeción de conciencia no es una figura que pueda englobarse, definirse en ciertos límites o realizar un listado único de sus expresiones, pues no es unitaria ni homogénea y en los países en que se admite, no le pueden dar una respuesta jurídica similar a las diversas manifestaciones de este fenómeno, al respecto Luis Prieto Sanchís de la Universidad de Castilla – La Mancha, señala: *Un somero repaso a la fenomenología objetora pone de relieve la amplísima heterogeneidad de los casos o situaciones que suelen englobarse bajo una rúbrica común, las notables diferencias que presentan los deberes jurídicos incumplidos, así como los muy variados fundamentos morales que esgrimen las conciencias disidentes u objetoras* (Prieto Sanchís, Abril 2008, pág. 03), ya que debemos de considerar que las objeciones posibles son diversas y pueden ser derivadas de cumplir preceptos religiosos, como sería no trabajar en sábado, pero esa objeción de conciencia, guarda poco o nada de relación con negarse a recibir una transfusión de sangre, rendirle honores a la bandera, practicar un aborto por un médico, o que un juez u otra autoridad tenga que autorizar un aborto, negarse a prestar servicios en las fuerzas armadas, negarse a realizar actividades académicas con marcada connotación religiosa (como sería la navidad o fiestas patronales a santos o vírgenes), o el estudio de temas contrarios a las convicciones religiosas, el uso de un casco de protección, afeitarse la barba o cortarse las patillas, solo por mencionar algunas ya que todas las objeciones posibles son ilimitadas, ya que nacen de la conciencia y los valores de cada ser humano.

La enseñanza de los valores éticos y religiosos en el hogar, la escuela, la sinagoga, la iglesia, la mezquita y en general los templos o centros de culto de las diversas denominaciones religiosas, así como los valores que los ateos y los libres pensadores inculcan en sus hijos, me permite afirmar que la objeción de conciencia tiene una gran cantidad de variantes, atendiendo a las corrientes que las impulsan, pero también a las interpretaciones propias, ya que por mucho que un padre, mentor, maestro, rabino, sacerdote, etc., inculquen en un menor la axiología de su denominación o convicciones, ello no asegura la misma apreciación de las ideas o comprensión intelectual; porque el criterio para asumir la vida no es único, el conocimiento, la influencia o ausencia de la religión, el compromiso ético, el acceso a otra cultura, los estados afectivos, la motivación y los diversos niveles de inteligencia, no serán iguales aún entre hermanos, ya que la forma en que se conjugan esos elementos es personal, y nos darán una visión distinta o la apreciación con matices diversos de los mismos fenómenos entre individuos de una misma sociedad, tanto mayor aún cuando sean miembros de distintas sociedades o de la misma sociedad pero inmersos en medios culturales distintos. La personalidad entonces, que es la suma de todos esos elementos, es única y constituye el motor que genera las diversas manifestaciones de la objeción de conciencia, ya que: *La personalidad incluye una serie de elementos (rasgos o disposiciones internas), relativamente estables a lo largo del tiempo, y consistentes de unas situaciones a otras, que explican el estilo de respuesta de los individuos. ... La personalidad abarcará, pues, tanto la conducta manifiesta como la experiencia privada, es decir, incluye la totalidad de las funciones y manifestaciones conductuales. La conducta será fruto tanto de los elementos más estables (ya sean psicológicos o biológicos) como de los aspectos más determinados por las influencias personales (percepción de la situación, experiencias previas), sociales o culturales. La personalidad es algo distintivo y propio de cada individuo a partir de la estructuración peculiar de sus características y elementos. El individuo buscará adaptar su conducta a las características del entorno en que se desenvuelve, teniendo en cuenta que su percepción del mismo va a estar guiada por sus propias características personales (sobre lo que es importante o no, estresante, positivo, etc.)* (Pérez García & Bermúdez, 2011, págs. 30 - 31). De tal manera que la personalidad nos dará una visión distinta, un referente personal para apreciar los acontecimientos, una verdad individual si se me permite añadir esa idea, ya que a lo largo de nuestra vida vamos generando el libreto de nuestras convicciones, dando prioridad a las cosas que nos parecen importantes y desdeñando aquellas que no logran la cohesión necesaria en nuestro intelecto, pero ese criterio no puede ser general, es único e irrepetible, es producto de nuestra personalidad y lo llamamos convicciones; Fernando Onetto considera: *que existe un espacio personal e interior de elaboración de la convicción, que construye un significado no idéntico al del contexto social. ¿Qué es una convicción? ¿Cómo poder reconocerla? ... Convicción es, la fuerza del sentido, es decir de una dirección, de un significado conjunto para nuestra vida. Las convicciones son "verdades amadas" y "errores odiados"; son una afirmación teórica y práctica que moviliza conocimiento, compromiso y sentimiento en un todo íntimamente relacionado* (Onetto, 2009, pág. 13).

Las convicciones producto de nuestra personalidad, son parte de nuestra verdad que nos mueve, por eso se piensa que son parte de una lucha interna, pero son también, aquellas que nos dan identidad y felicidad y está demostrado, que cada quien tiene sus propios factores de felicidad, por ello no hay un catálogo único que delimite a las posibilidades de la objeción de conciencia, debemos de partir entonces de la idea que existen una variedad de objetores y que tratar de enlistar a todas las modalidades de objeción es imposible, por lo que me limitaré a reseñar las más comunes.

III.   La objeción de conciencia al servicio militar.

La objeción de conciencia al servicio militar, es decir, la negativa de un individuo a ingresar a las fuerzas armadas, es la más antigua de las objeciones que existen, y debe serlo, ya que la guerra está presente desde las primeras civilizaciones que buscaban mejores terrenos, condiciones o puntos estratégicos de comercio, y además, constituye precisamente uno de los factores que da nacimiento a los Estados, sin entrar a discutir las teorías que forman los Estados y el contrato social de Rousseau (que considero válido), es conveniente destacar que la guerra es el rasgo predominante de los Estados tradicionales de todo tipo, que en mayor o menor grado despliegan rasgos militaristas (Kaplan, 2011); es por consiguiente el poder militar el característico en la formación de los Estados, haciendo sucumbir y borrando del mapa a los pobladores anteriores o de plano, a todo un Estado que se invadía. Lo anterior es rasgo común en la formación de todos los Estados antiguos, por ello existe en la Ciencia Política, el estudio de dicho fenómeno y la creación de la teoría del origen violento del Estado (Serra Rojas, Ciencia Política. La proyección actual de la Teoría General del Estado, 2005, pág. 60), por lo que no es de extrañarse, que algunos de los más distinguidos autores opinen en ese sentido, Franz Oppenheimer, ha afirmado: El Estado encuentra su nacimiento en la guerra (Montero Zendejas), por su parte Max Weber, señaló: El Estado es el monopolio de la fuerza en un territorio determinado (Salazar Ugarte), para Bobbio, es el monopolio de la fuerza, la condición fundamental, lógicamente necesaria, para que exista un Estado (Salazar Ugarte), *con el uso de la fuerza, se gestaron todos los Estados antiguos: Los reinos egipcios, la unificación de los mismos, Babilonios, Persas, Griegos, Romanos, por decir algunos* (Ruz Saldívar, El Estado moderno de Israel, Junio 2010). Al ser la guerra un rasgo predominante en los Estados antiguos y lamentablemente también en los modernos, la objeción de conciencia al servicio de las armas fue la primera que apareció en la historia, ya en el primer capítulo de esta obra había adelantado que la objeción de conciencia para no participar en la guerra, aparece por primera vez en el pueblo de Israel en el llamado libro del Deuteronomio, y que los eruditos consideran que tal libro fue escrito en un periodo entre los siglos XII al IX a.e.c. (Rollston, May/Jun 2012), que posteriormente con la reina Alejandra Salomé alrededor del 69 a.e.c. vuelve a aparecer y ahora con mayor claridad, y que dicha situación fuera reconocida y ratificada por el propio Julio César alrededor del 47 a.e.c., se perdió en los anales de la historia y no la volvemos a ver hasta tiempos modernos. En el capítulo II hemos analizado el resurgimiento en el mundo moderno y contemporáneo de la objeción de conciencia, desde el renacimiento hasta nuestros días, pasando por la revolución francesa que ordenaba el servicio militar obligatorio, la experiencia en los Estados Unidos de América que comenzó en la Pensilvania colonial, cuyo gobierno estaba controlado hasta 1756 por los pacifistas cuáqueros, en la Guerra Civil norteamericana y la discusión en la primera ley de reclutamiento en los Estados Unidos, que permitía la prestación social sustitutoria para aquellos que no deseaban prestar el servicio de las armas. Vimos además, el caso de España, donde antes de que existiera una forma de objetar la prestación del servicio militar, los infractores eran condenados a penas privativas de su libertad, *hasta 1973, los que se oponían al cumplimiento del servicio militar eran sancionados con la pena prevista para el delito de desobediencia, tipificado en los artículos 327 y 328 del Código de Justicia Militar. La sanción oscilaba entre los seis meses y un día hasta los seis años de prisión, si no se trataba de órdenes relativas al servicio de armas, o entre seis años de prisión y veinte de reclusión, en caso contrario. Además, estaban expuestos a otras penas añadidas. De hecho, el cumplimiento de la condena no eximía de la obligación de prestar el servicio militar; por lo que se sucedían las condenas hasta alcanzar la edad de licencia absoluta, es decir, los treinta y ocho años* (López Guzmán, 2011, pág. 19), lo curioso en España, es que la figura de la objeción de conciencia no se logra por los reclamos de los grupos religiosos, sino en la figura de un sentimiento ético de Pepe Beunza, *juzgado por un Tribunal Militar en Valencia el 23 de abril de 1971 por ser el primer objetor de conciencia no violento de nuestra historia reciente. Beunza se niega a cumplir el Servicio Militar a principios de 1971 desde posiciones muy alejadas del estoicismo apolítico de sus predecesores Testigos de Jehová, y de esta manera lo explica ante el Juez Militar en el Consejo de Guerra que le juzgó en la ciudad de Valencia, el 23 de abril del mismo año: se puede decir, por lo tanto, que se cumple en estos días el aniversario de la primera declaración política de un objetor de conciencia en España, en nuestra historia reciente. La estrategia de Beunza es el ejercicio de la objeción de conciencia mediante la desobediencia civil por medio de la no violencia: declaración pública de su condición de objetor, consciencia de la dimensión política de la objeción, contenido antimilitarista explícito. El resultado de tal estrategia y su carácter asimismo pedagógico frente a la sociedad a la que apela es casi inmediato... Hasta que en 1978, Gutiérrez Mellado dio la orden a los cuarteles que cuando una persona dijera que quería ser objetor lo mandaran a su casa y firmara la orden de incorporación aplazada. De una manera muy sencilla resolvió el problema de la objeción. Durante 8 años, hasta 1983 que surgió el MOC, toda la gente que hacia objeción, les decían «vete a tu casa». Esto lo explicábamos y la gente no se lo creía. Y así pasó. Se vaciaron las cárceles de objetores* (Beunza, Universitat De Valencia, 1996); el nacimiento de la objeción española de conciencia ética, encabezada por Pepe Beunza, abre el espacio para considerarla sin tintes religiosos, como sucede en otros países, por lo que a juicio de quien estas líneas escribe, constituye la entrada de aquellos que no mantienen vínculos espirituales con denominaciones religiosas y aún así son objetores de conciencia.

Cuando se promulga en España, la Constitución de 1978, la única objeción de conciencia planteada era la relativa al servicio militar, lógico atendiendo a que era la más común y que tuvo la fuerza para manifestarse plenamente, así ocurrió en casi todos los casos de nuestro recorrido histórico, la objeción que se planteaba era en contra del servicio militar, pero ello no quiere decir que no existieran otras, el camino se abrió por medio de esta objeción, ya que fue la llave para que el hongo de los derechos civiles explotara e iniciaran otros movimientos como veremos más adelante.

IV.   La objeción de conciencia religiosa.

Si bien, la objeción de conciencia relativa al servicio militar, por las razones que apuntábamos anteriormente, es la más antigua, la más estudiada y prácticamente la madre de todas las demás formas de objeción, debemos reconocer que esencialmente nace o es parte de una postura religiosa, por lo que la objeción de conciencia religiosa constituye entonces, el principal origen del resto de las objeciones, sin dejar de reconocer también que existe una postura ética de los libres pensadores, pero la generalidad se encuentra en el pensamiento religioso que influye decididamente en la mente de los objetores. En la trayectoria histórica de la objeción de conciencia, como señala López Guzmán, se pueden diferenciar dos etapas, *en la primera, la objeción de conciencia se apoyaba exclusivamente en argumentos religiosos. En la segunda, que es la que vivimos hoy, cualquier fundamento ético se considera suficiente para avalar la objeción de conciencia* (López Guzmán, 2011, pág. 34). La libertad religiosa y el choque de las creencias particulares de cada religión con las de la mayoría, así como la confesionalidad de los Estados, ha constituido un problema general de los países desde que se tenga memoria, pero se nota con más claridad a partir de la cultura del Renacimiento, y principalmente con la lucha por los espacios de libertad ideológica, el tema central durante la Reforma, surgida en el siglo

XVI y que continuará esa lucha durante los siglos: XVII, XVIII, XIX e inclusive en el XX, hoy cuando prácticamente se han logrado salvar los aspectos más problemáticos derivados de la existencia y convivencia de diversas denominaciones, es decir, la lucha clásica de las libertades ideológicas, aún persisten pequeños matices de diferencias que deben ser conciliados en el ejercicio de la libertad de pensamiento y libertad religiosa. Esos pequeños matices, permiten la adecuación aplicativa de la norma cuando ello es posible, surgiendo así el reconocimiento legal de la figura toral de este trabajo, la objeción de conciencia.

La necesidad de determinar claramente el contenido preciso de la libertad religiosa, es y ha sido el tema de la objeción de conciencia, en especial cuando choca con las obligaciones de observancia general y no existen otros medios que acrediten una violación generalizada de derechos fundamentales, solo visibles en el ángulo del o los objetores, pero de ese tema nos ocuparemos más adelante cuando abordemos los límites posibles a la figura jurídica que estudiamos, lo único que quiero destacar en este apartado, es que el principal soporte ideológico de los objetores es la religión, sobre la que construyen su oposición mental a la norma que consideran injusta. Salvo el caso de quienes lo hacen por motivos éticos, a mi gusto de mayor mérito, ya que encuentran injusto que terceros se sientan afectados por una norma que a ellos no les afecta directamente, sin embargo sienten la necesidad de identificarse y brindar el apoyo a esos grupos que se sienten afectados, y es que en los últimos años, la objeción de conciencia ha dejado de ser un asunto meramente religioso y actualmente se relaciona con la libertad de conciencia en general, basta recordar el caso de España con Pepe Beunza, quien escribió su propia página en la historia, y logró contando un cuento, despertar la conciencia española, vaciar las cárceles de presos de conciencia y que se reconociera la figura jurídica de la objeción de conciencia en la Constitución de España, pero locos como Pepe hay pocos, es de aquellos que *construyen el sueño a mano y sin permiso,* como canta el filósofo con guitarra, Silvio Rodríguez, ojalá nos contagiara de su locura y *que el cielo nos libre de cordura,* que esa locura sea viral y produzca una reacción en cadena de los derechos civiles, con ello estoy convencido, el mundo sería un poco mejor, en México, nos urge. Veamos a continuación las manifestaciones más comunes de la objeción de conciencia.

V.   La objeción de conciencia sanitaria.

La objeción de conciencia sanitaria es la que recientemente ha ocupado los mayores espacios de discusión, considerando que se han venido otorgando una serie de derechos o libertades que anteriormente no se habían reconocido, como el tema del aborto, la reproducción asistida y la eutanasia, que se han sumado a otras cuestiones relativamente añejas, como la oposición a las transfusiones sanguíneas, someterse a los cuidados médicos y otras derivadas de los problemas económicos que vive el mundo, como prestar servicios médicos a pesar de las prohibiciones legales, lo que ha ocurrido en España y en donde la Generalitat de Valencia, ha anunciado que seguirá prestando atención sanitaria a los inmigrantes pendientes de regularizar su situación legal: *Hoy los médicos de familia han defendido la objeción de conciencia frente a la ley que deja sin cobertura a los ciudadanos sin papeles y han pedido al Gobierno que la cambie* (Telediario, 2012). La objeción de conciencia sanitaria, es la oposición por parte del médico, y en extensión del personal paramédico, de realizar, por motivos éticos o religiosos, actos que corresponden a lo que se consideran sus funciones pero que el objetor rechaza, por considerarlo contrario a su propia dignidad y conciencia. En esta particularidad de la figura jurídica que estudiamos, encontramos un aspecto más amplio que el relativo al servicio de las armas, ya que la objeción de conciencia sanitaria abarca no solo a médicos, enfermeros, personal paramédico y en general los profesionistas de la salud que se encuentran en la disyuntiva de cumplir con sus deberes laborales o profesionales versus los dictados de su conciencia, pero en este caso, los conflictos que se generan son más amplios, la Asociación Catalana de Estudios Bioéticos, considera que cuando un profesional de la salud manifiesta objeción de conciencia ante una situación que cree inmoral, se originan las siguientes situaciones conflictivas:

1. Conflictos entre objetor y solicitante de asistencia.

2. Problemas entre el objetor y sus colegas.

3. Tensiones entre el objetor y su jefe jerárquico.

4. Situaciones conflictivas entre un jefe a su vez objetor y los demás miembros directivos.

5. Tensiones derivadas de la reacción de las autoridades gestoras del centre o del área correspondiente.

6. Repercusiones en las relaciones entre gestores y políticos (Asociación Catalana de Estudios Bioéticos, 2005).

Y es que la objeción de conciencia sanitaria, no solo afecta a los profesionales de la salud de manera unitaria, sino que el problema se hace más amplio, ya que también abarca a los pacientes, a los colegas de los profesionistas, a los jefes de servicio, los directivos del hospital, las autoridades de salud e inclusive los familiares del objetor paciente, que no necesariamente comparten los motivos de objeción, ello ocurre con los padres de menores que tienen diversa convicción en torno a los servicios médicos, por lo que el tema se complica grandemente, considerando que el ejercicio de la patria potestad es compartido y uno de ellos se podría oponer a determinados servicios y el otro autorizarlo.

La situación más referida de la objeción de conciencia sanitaria, es la que se opone a la realización de abortos, en los Estados de la federación mexicana se encuentra regulado el aborto como un delito, sin embargo se permite con algunas excepciones, cuando la vida de la madre está en peligro, en caso de violación, inseminación artificial no consentida, por alteraciones del producto y dependiendo el número de semanas o días de gestación, las condiciones resultan similares para varios Estados mexicanos, en el estado de Veracruz, se contemplan tales hipótesis en el artículo 154 del código penal, que a la letra señalan:

Artículo 154.-El aborto no es punible cuando:

I. Es causado por imprevisión de la mujer embarazada;

II. El embarazo sea resultado de una violación o de una inseminación artificial no consentida, siempre que se practique dentro de los noventa días de gestación;

III. De no provocarse, la mujer embarazada quede en peligro de muerte a juicio del médico que la asista, oyendo éste la opinión de otro facultativo, siempre que ello fuere posible y la demora no aumente el riesgo; o

IV. A juicio de dos médicos, exista razón suficiente de que el producto padece una alteración que dé por resultado el nacimiento de un ser con trastornos físicos o mentales graves y se practique con el consentimiento de la mujer embarazada (Código Penal para el Estado libre y soberano de Veracruz, 2012).

En el Distrito Federal, se consideran hipótesis parecidas, señalándose textualmente lo siguiente:

ARTÍCULO 148. Se consideran como excluyentes de responsabilidad penal en el delito de aborto:

I. Cuando el embarazo sea resultado de una violación o de una inseminación artificial a que se refiere el artículo 150 de este Código;

II. Cuando de no provocarse el aborto, la mujer embarazada corra peligro de afectación grave a su salud a juicio del médico que la asista, oyendo éste el dictamen de otro médico, siempre que esto fuere posible y no sea peligrosa la demora;

III. Cuando a juicio de dos médicos especialistas exista razón suficiente para diagnosticar que el producto presenta alteraciones genéticas o congénitas que puedan dar como resultado daños físicos o mentales, al límite que puedan poner en riesgo la sobrevivencia del mismo, siempre que se tenga el consentimiento de la mujer embarazada; o

IV. Que sea resultado de una conducta culposa de la mujer embarazada.

En los casos contemplados en las fracciones I, II y III, los médicos tendrán la obligación de proporcionar a la mujer embarazada, información objetiva, veraz, suficiente y oportuna sobre los procedimientos, riesgos, consecuencias y efectos; así como de los apoyos y alternativas existentes, para que la mujer embarazada pueda tomar la decisión de manera libre, informada y responsable (Código penal para el Distrito Federal, 2012).

El derecho al aborto en el Distrito Federal, apenas tiene un poco más de cinco años y un balance de este primer lustro, con información del 27 de abril de 2007 al 16 de abril del 2012, resulta impactante: *120 mil 541 mujeres solicitaron información sobre la*

Interrupción Legal del Embarazo (ILE); 99 mil 858 hicieron su solicitud de procedimiento, pero únicamente se realizaron 77 mil 524. Eso significa que 20 mil 683 mujeres que pidieron información ya no hicieron la solicitud de procedimiento, y que de quienes sí la hicieron 22 mil 334 ya no se realizaron la ILE, tal vez porque cambiaron de opinión o porque tenían más semanas de embarazo que las reglamentadas. ... También se sostiene la tendencia de que las mujeres llegan a solicitar el servicio de ILE en promedio con ocho semanas de embarazo. Esto ha favorecido el hecho de que el 85% de las usuarias del servicio puedan ser atendidas con pastillas. Este tipo de procedimiento (también llamado "aborto farmacológico" o "aborto medicamentoso") permite interrumpir un embarazo sin necesidad de hospitalización ni intervención quirúrgica. Es un método seguro, de alta efectividad, y los estudios al respecto demuestran que 95% de los abortos inducidos por esta vía son exitosos (Lamas, 2012). Con una cantidad tan grande de abortos practicados, no es raro que surgieran objetores de conciencia entre el personal de los servicios médicos, si a ello le sumamos la intervención de la Iglesia católica, en la voz de su cardenal Norberto Rivera Carrera, arzobispo primado de México, y sus obispos auxiliares, que se oponen al aborto (La Redacción de la revista Proceso, 2012), se generó un problema para el gobierno del Distrito Federal y su entonces Jefe Marcelo Ebrad[63], ya que la iglesia amenazó con el viejo azote de la excomunión, tal como lo había hecho en el siglo XIX con los constituyentes mexicanos que discutían la libertad religiosa (40), *Las amenazas fueron subiendo de tono. Algunos sacerdotes, desde su púlpito, amenazaron a sus feligreses con la excomunión, en caso de que efectuaran prácticas abortivas* (García & Villagrana Velázquez, 2007), pero al parecer Ebrad no perdió el sueño por la excomunión y promovió tales medidas y otras más como el matrimonio entre personas del mismo sexo, lo que exacerbó a las autoridades religiosas y entonces optaron por otro camino en la lucha, promover la objeción de conciencia, lo que resulta paradójico para la Iglesia Católica, ya que normalmente se ha manifestado en contra de las libertades y la interpretación fuera de la iglesia, pero celebro que libre pensadores y la jerarquía de la Iglesia, hoy estén de acuerdo que la objeción de conciencia es un mecanismo que permite salvar diferencias y convivir en un mundo cada vez más plural; lo lamentable del caso, es que precisamente Ebrad, que me genera una gran empatía y que representa a un movimiento que ha otorgado mayores libertades a los ciudadanos, tuviera comentarios desafortunados de la objeción de conciencia al

---

[63] Nota del autor: Jefe de Gobierno del Distrito Federal, México, de 2006 al 2012.

señalar: *"Nosotros tenemos la obligación, como servidores públicos, de acatar las disposiciones. Vaya, el equivalente a esto es decir: a mí no me gusta un artículo de la Constitución y no lo cumplo; eso no se puede, la ley es obligatoria",* afirmó. A pregunta expresa sobre si los doctores pueden apegarse a la "objeción de conciencia" para negarse a practicar un aborto, Ebrard respondió: "No, en el caso de una ley, no, no se puede. Es decir, la objeción de conciencia es para otro tipo de hipótesis" (Cuenca & Grajeda, 2007). El buen Marcelo tuvo un traspié, ya que precisamente de lo poco que existe de objeción de conciencia en México, es la Ley de Salud local, la que establece precisamente la figura jurídica que permite objetar un aborto, en la actual redacción de dicha norma, leemos en su artículo 59 lo siguiente:

__Artículo 59.-__ El médico a quien corresponda practicar la interrupción legal del embarazo y cuyas creencias religiosas o convicciones personales sean contrarias a tal procedimiento, podrá ser objetor de conciencia y por tal razón excusarse de intervenir en la interrupción del embarazo, teniendo la obligación de referir a la mujer con un médico no objetor. Cuando sea urgente la interrupción legal del embarazo para salvaguardar la salud o la vida de la mujer, no podrá invocarse la objeción de conciencia. Es obligación de las instituciones públicas de salud del Gobierno garantizar la oportuna prestación de los servicios y la *permanente disponibilidad de personal de salud no objetor de conciencia en la materia* (Ley de Salud del Distrito Federal, 2009).

En el propio reglamento de la ley antes mencionada, se vuelve a señalar la posibilidad de objeción en su artículo 199, el cual reza de la siguiente manera:

Artículo 199.- *Los profesionales de la salud podrán abstenerse de participar en la práctica de interrupción del embarazo argumentando razones de conciencia, salvo en los casos en que se ponga en riesgo inminente la vida de la mujer embarazada. El médico objetor de realizar procedimientos de interrupción del embarazo, referirá a la usuaria de manera inmediata, responsable y discreta con un médico no objetor o a un hospital, donde se realicen procedimientos de interrupción del embarazo, con la Hoja de Referencia y Contrarreferencia y demás documentos de importancia legal, tales como: Resultado de Estudios de Laboratorio o Gabinete, Autorización de interrupción del embarazo emitida por el Agente del Ministerio Público o Dictámenes Médicos, según sea el caso; con la certidumbre que será atendida para resolverle su problema* (Reglamento de la Ley de salud del Distrito Federal, 2011).

Por lo que la objeción de conciencia sí es posible para la práctica de un aborto en el Distrito Federal y establece como límite, que no se encuentre en peligro la vida de la mujer, imponiendo la obligación a las instituciones públicas de salud del Distrito Federal, de garantizar la oportuna intervención, manteniendo personal médico no objetor en los diversos turnos. Pero como ya señalaba en las líneas que anteceden, el médico no es el único que participa en un aborto, por lo que la norma no contempla al resto del personal paramédico que interviene en dicha operación, de tal manera que deben realizarse las adecuaciones necesarias para permitir una más amplia visión de la objeción de conciencia; *Así, por ejemplo, en España y Francia, las enfermeras y matronas lograron el derecho a la exención de participar en abortos. Actualmente, los farmacéuticos están librando una ardua batalla para conseguir la objeción de conciencia a dispensar «la píldora del día siguiente». No obstante, se aprecia un matiz diferenciador: mientras la objeción de conciencia de los médicos a no participar en abortos es mayoritariamente respetada, la que plantean otros miembros del personal sanitario se suele topar con verdaderos obstáculos debido, sobre todo, a que su trabajo se considera de carácter secundario, porque deriva y es subsidiario del trabajo del médico* (López Guzmán, 2011, pág. 73).

Pero además del aborto, existen otras objeciones, algunos pacientes no desean someterse a un tratamiento o a una intervención quirúrgica determinada, como las transfusiones sanguíneas, ese es el caso de los llamados Testigos de Jehová, este grupo religioso de la interpretación de la biblia en los llamados libros de Génesis 09: 04, que a la letra señala: *Pero carne con su vida, que es su sangre, no comeréis.* Así como del libro de Levítico 03:17: *Estatuto perpetuo será por vuestras edades, dondequiera que habitéis, que ni ninguna grosura ni sangre comeréis* (La Biblia Reina - Valera, 1960). Concluyen que la sangre no solo no debe comerse, sino tampoco introducirse por las venas de las personas, por lo que se oponen a ser sometidos a dichos procedimientos, lo que genera también un fuerte conflicto en los hospitales, sobre todo, cuando se encuentra en riesgo la salud de menores de edad. Otros grupos se oponen a recibir tratamiento médico, al interpretar la llamada epístola de Santiago 05: 14 – 15: *¿Está alguno enfermo entre vosotros? Llame a los ancianos de la iglesia, y oren por él, ungiéndole con aceite en el nombre del Señor. Y la oración de fe salvará al enfermo, y el Señor lo levantará; y si hubiere cometido pecados, le serán perdonados* (La Biblia Reina - Valera, 1960). Situación que parcialmente también se encuentra regulada en el Distrito Federal en la Ley de Voluntad anticipada, aunque resulta más adecuado para los pacientes en estado terminal, ya que en su artículo 1 señala:

Artículo 1. La presente ley es de orden público e interés social, y tiene por objeto establecer y regular las normas, requisitos y formas de realización de la voluntad de cualquier persona con capacidad de ejercicio, respecto a la negativa a someterse a medios, tratamientos y/o procedimientos médicos que pretendan prolongar de manera innecesaria su vida, protegiendo en todo momento la dignidad de la persona, cuando por razones médicas, fortuitas o de fuerza mayor, sea imposible mantener su vida de manera natural (Ley de voluntad anticipada para el Distrito Federal, 2008).

Pero además del aborto quirúrgico y químico, las transfusiones sanguíneas, las atenciones médicas, existen conflictos de conciencia, con la eutanasia y los diagnósticos genéticos. En el caso de la eutanasia, que corresponde a la *Acción u omisión que, para evitar sufrimientos a los pacientes desahuciados, acelera su muerte con su consentimiento o sin él* (Diccionario Microsoft Encarta 2008, 2008), no tenemos dicha figura en nuestro sistema jurídico, ya que la voluntad anticipada no puede interpretarse estrictamente como tal, ya que es definida en el reglamento de la ley, en su artículo dos en los siguientes términos:

*IV. **Documento de Voluntad Anticipada:** Es el Documento Público suscrito ante Notario, en el que cualquier persona con capacidad de ejercicio y en pleno uso de sus facultades mentales,* *manifiesta la petición libre, consciente, seria, inequívoca y reiterada de no someterse a medios, tratamientos y/o procedimientos médicos, que propicien la Obstinación Terapéutica* (Reglamento de la Ley de voluntad anticipada para el Distrito Federal, 2008).

Por lo que la voluntad anticipada no corresponde en su totalidad a la figura de la eutanasia, ya que no acelera la muerte de un paciente, solamente respeta la voluntad de no proporcionarle servicios médicos, por lo que la eutanasia no encuentra asidero jurídico en nuestro sistema para ser respetada. En cuanto a los diagnósticos genéticos, se genera un problema en aquellos profesionales que tienen que informar de resultados que llevarán al informado a decidir la eliminación del embrión, por las posibilidades de que nazca con malformaciones, por lo que también constituye un caso de objeción de conciencia sanitaria.

Otra situación de la objeción de conciencia sanitaria, es el caso de los alimentos que se brindan en los hospitales, es de todos conocidos que el judaísmo plantea una dieta sana, en las leyes dietéticas denominadas Kasruth[64], mediante la cual se señalan los alimentos que los judíos pueden consumir, esta clasificación la

---

[64] Nota del autor. Se denomina *Kasruth,* a las normas dietéticas judías, señalando alimentos aptos *Kasher* o *Kosher,* a los que se pueden consumir.

encontramos principalmente en los libros de Levítico 11 y Deuteronomio 14, pero también en diversas parte de la Torah y la Tanaj, así como en la tradición oral. El kashrut clasifica los alimentos en tres categorías: Besarí: productos provenientes de la carne de animales, tanto mamíferos como aves; Jalaví: lácteos; Párve: neutro, es decir, se incluyen todos los alimentos que no entran en las categorías carne o lácteos, todas las frutas y los vegetales y los alimentos derivados sólo de esas fuentes, los huevos de ave, el pescado así como la sal y otros productos alimenticios no orgánicos (Shakhak, 2004), es común que en los empaques de muchos artículos, se aprecie el sello que permite a la comunidad judía identificar aquellos que son aptos para su consumo. Las prohibiciones no solo señalan animales aptos para el consumo, sino aún alimentos que son aptos por separado, pero que no se deben mezclar, como es el caso de la leche y la carne, algunos estudios sugieren que un alto consumo de frutas y verduras y una menor ingesta de grasas saturadas derivadas de las leyes kashrut, han sido asociadas a un menor riesgo de cáncer de próstata, en dicho estudio, las estadísticas colocaron a los judíos norteamericanos por debajo de los resultados comparados con los no judíos de raza blanca en el mismo país, por lo que la incidencia de dicha enfermedad entre judíos es menor, probablemente se pueda atribuir lo anterior a las leyes dietéticas judías (Rodriguez, y otros, 2002). Seguir las reglas de salud judías tiene beneficios para la salud, sin embargo, no es el motivo primordial que mueve al judío para obedecerlas, se obedecen por fe, así ha sido desde hace miles de años que se aplica la norma, hoy podemos darnos cuenta de los beneficios, pero se sigue obedeciendo por fe, con menor o mayor celo dependiendo de la rama del judaísmo que se profese. Lo anterior puede generar también un problema con la dieta que deben consumir los pacientes judíos en hospitales públicos y la problemática de permitir la introducción de alimentos por parte de sus familiares. Los problemas sanitarios derivados de la objeción de conciencia podrían ser más que los que me he señalado, pero lo importante de este tema, es que podemos compartir o no la fe de los objetores, en lo particular estoy convencido que las religiones cualquiera que estás sean, implican cierta renuncia a nuestra capacidad de raciocinio, sin embargo, debemos respetar en la medida de lo posible, las convicciones profundas de los grupos religiosos que oponen una objeción sanitaria como las que se enuncian, con los límites del respeto a la vida, como lo veremos más adelante.

VI.   *La objeción de conciencia en materia laboral.*

Los problemas de objeción de conciencia en materia laboral, también derivan de un asunto religioso, podemos definirla siguiendo el criterio de Juan Ignacio Arrieta como: *la negativa del trabajador al cumplimiento de obligaciones derivadas de la relación laboral, sea que provengan del mismo contrato de trabajo o de las normas generales establecidas por la legislación laboral para un determinado tipo de actividad* (Arrieta, 1998, pág. 47), uno de esos casos, es en relación a laborar en días considerados de reposo para algunas religiones, ello lo vemos principalmente con los judíos y algunas sectas cristianas como los llamados adventistas del séptimo día, ya en el primer capítulo de esta obra se había señalado que en el Israel antiguo y posteriormente con el propio Julio César (VII), se dieron casos de objeciones de conciencia para el respeto a no realizar obra alguna el Sábado, conforme a lo que dispone la *Torah,* o la biblia para los cristianos en el llamado libro de Éxodo 20: 08 – 10: *Acuérdate del día de reposo para santificarlo. Seis días trabajarás y harás toda tu obra; mas el séptimo día es reposo para el Eterno tu Di-os; no hagas en el obra alguna, tú, ni tu hijo, ni tu hija, ni tu siervo, ni tu criada, ni tu bestia, ni tu extranjero que está dentro de tus puertas* (La Biblia Reina - Valera, 1960), los judíos mantienen al sábado[65] como la festividad más importante de su religión, pero no es la única fiesta que se respeta por los judíos, existen además la fiesta de *Pesaj* (la Pascua judía), *Yom Kippur* (el día del perdón), entre otras, en las cuales el judío debe cumplir obligaciones religiosas, en algunos casos ayunar además de acudir a su Sinagoga. Situación similar ocurre con los musulmanes cuando deben respetar los ayunos del mes del Ramadán[66], de tal manera que se les presenta a los religiosos un problema entre sus obligaciones laborales y sus convicciones religiosas que pueden dar lugar a descuentos, faltas injustificadas e inclusive el despido. En una cultura como la nuestra con predominio de la religión católica, sin mantener la idea del Estado confesional, es común que ciertos días de festividad religiosa se mantengan como feriados en los calendarios oficiales, un ejemplo de ello sería el 25 de diciembre que celebra el nacimiento de una de las deidades cristianas, de igual manera sucede con el domingo que se considera un día oficial de descanso, algunos otros días que no son oficiales, en la

---

[65] Día de reposo para el judío, desde el atardecer del viernes hasta el anochecer del sábado, división de los días que sigue la historia bíblica de la creación: ... *y fue la tarde y la mañana un día*, atento a lo que dispone Génesis 1:5. Nota del autor.

[66] Ramadán, noveno mes del año islámico, mes santo del ayuno (*sawm*) —uno de los cinco pilares del islam— que el Corán ordena a todos los musulmanes adultos. Fuente Microsoft Encarta 2008.

práctica se terminan otorgando ya sea en los contratos colectivos o de manera informal porque el propio patrón los respeta, como la llamada semana santa, el miércoles de ceniza, el día de la virgen de Guadalupe, el día de la cruz, por mencionar algunos, por lo que no debe resultar tan extraño respetar laboralmente a los grupos religiosos que desean descansar en sábado o pedir días extraordinarios para cumplir sus obligaciones religiosas. Las relaciones laborales y la objeción de conciencia, es un terreno difícil para conciliar los intereses entre las creencias de los trabajadores y sus patrones, ya que las empresas, sean particulares o las empresas públicas, se verían obligados a perder días laborales por respetar la pluralidad de religiones, en Europa estos casos ya se han ventilado en los tribunales, la tendencia ha sido que el tribunal europeo: *se pronunció sobre la posibilidad de que los trabajadores puedan acomodar su horario y jornada laboral a las festividades de su religión. ... La jurisprudencia del Tribunal indica que la libertad religiosa implica también diversas manifestaciones externas, como la enseñanza o la práctica y observancia de los ritos, pero no protege cualquier acto motivado o inspirado por una religión o creencia. Por ejemplo, el Tribunal ha estimado en otros supuestos que no existió injerencia en el derecho de libertad religiosa cuando un militar fue sancionado porque sus ideas religiosas le impidieron cumplir con la disciplina castrense* (Celador Angón, 2011, págs. 101, 103). Pero al parecer, la Suprema Corte de Justicia en México no comparte el criterio de las cortes europeas, veamos un caso de los Testigos de Jehová. Este grupo religioso mantiene como parte de sus creencias, no rendir honores a los símbolos patrios, por considerar que se le rinde un culto que solo se debe a Di-os, al margen de los motivos de su creencia para no hacerlo y lo válido o no, de dicha postura que resulta subjetiva, dicha omisión constituye una violación a las normas mexicanas, atentos a lo que dispone la Ley sobre el Escudo, la Bandera y el Himno Nacionales, en los artículos que se transcriben:

ARTÍCULO 9o.- En festividades cívicas o ceremonias oficiales en que esté presente la Bandera Nacional, deberán rendírsele los honores que le corresponden en los términos previstos en esta Ley y los Reglamentos aplicables; honores que, cuando menos, consistirán en el saludo civil simultáneo de todos los presentes, de acuerdo con el Artículo 14 de esta misma Ley.

ARTÍCULO 11.- En las instituciones de las dependencias y entidades civiles de la Administración Pública Federal, de los gobiernos de los Estados y de los Municipios se rendirán honores a la Bandera Nacional en los términos de esta Ley y con carácter obligatorio los días 24 de febrero, 15 y 16 de septiembre y 20 de noviembre de cada año, independientemente del izamiento del lábaro patrio que marca el calendario del artículo 18, acto que podrá (sic) hacerse sin honores.

Las instituciones públicas y agrupaciones legalmente constituidas, podrán rendir honores a la Bandera Nacional, observándose la solemnidad y el ritual que se describen en esta Ley. En estas ceremonias se deberá interpretar, además, el Himno Nacional.

ARTÍCULO 21.- *Es obligatorio para todos los planteles educativos del país, oficiales o particulares, poseer una Bandera Nacional, con objeto de utilizarla en actos cívicos y afirmar entre los alumnos el culto y respeto que a ella se le debe profesar.*

ARTÍCULO 51.- *El Poder Ejecutivo Federal, los gobernadores de los Estados y los Ayuntamientos de la República, deberán promover, en el ámbito de sus respectivas esferas de competencia, el culto a los símbolos nacionales.* (Ley sobre el Escudo, la Bandera y el Himno Nacionales, 2012).

Atentos a lo dispuesto en la norma transcrita, resulta claro que todo profesor del sistema educativo nacional se encuentra obligado a cumplir con la ley e inculcar no solo el respeto a los símbolos patrios, sino además el culto. Por tal motivo, el grupo religioso que señalamos se niega a que sus miembros participen de tales eventos. En 1994 llegó a la Suprema Corte de Justicia Mexicana, un caso de despido por inobservancia, por parte de un profesor de la denominación Testigos de Jehová, de las normas que regulan los símbolos patrios, la Corte mexicana resolvió sustancialmente de la siguiente manera:

*De conformidad con lo dispuesto en los artículo 3o. de la Constitución Política de los Estados Unidos Mexicanos, 31 de la Ley Federal de los Trabajadores al Servicio del Estado, 1o., 9o., 12, 14, 15, 21, 38, 46, 54 y 55 de la Ley sobre el Escudo, la **Bandera** y el Himno Nacionales, 1o., 2o. y 3o., del decreto que ordena se rindan **honores a la Bandera** los días lunes de cada semana en los planteles educativos de enseñanza primaria y secundaria, 2o., 3o., fracción III, y 18, fracciones I, IV, XIV y XX, del Acuerdo que establece la Organización y Funcionamiento de las Escuelas Primarias, 6o. y 8o. del Acuerdo por el que se reafirma y fortalece el culto a los Símbolos Nacionales, y 1o., 25, fracción IV, y 26, fracción VII, del Reglamento de las Condiciones Generales de Trabajo del Personal de la Secretaría de Educación Pública, el profesor de educación primaria tiene la obligación de fomentar en el educando el amor a la patria y la conciencia de la nacionalidad, la independencia y la justicia; de tales disposiciones también se infiere que el Escudo, la **Bandera** y el Himno Nacionales son símbolos patrios de la República, en cuanto constituyen los elementos fundamentales de identidad de los mexicanos, reconociéndose en ellos un patrimonio cultural común; por tanto,* es evidente que el maestro, por su profesión y la calidad de trabajo que desempeña, está obligado a fomentar en sus alumnos la costumbre cívica de rendir **honores a la Bandera** Nacional y a entonar respetuosamente el Himno Nacional, con la finalidad de fortalecer las raíces históricas y los lazos culturales y sociales que nos unen y nos identifican como Nación. Por ello, el profesor que en los actos cívicos que está obligado a organizar o a participar en su centro de trabajo, se abstiene de rendir **honores a la Bandera** y de entonar el Himno Nacional, incurre en las causas de cese previstas en el artículo 46, fracción V, incisos a) e i), de la Ley Federal de los Trabajadores al Servicio del Estado, ya que con esa conducta incumple una obligación derivada de la ley y de las condiciones generales de trabajo que rigen su relación laboral, además de que no procede rectamente en las funciones que tiene encomendadas (Trabajadores al servicio del Estado. Es justificado el cese de un profesor que se abstiene de rendir honores a la bandera nacional y entonar el himno nacional, 1994).

La intolerancia religiosa es palpable en la resolución de la Corte, anteponer razones de banderas y la obligación de escuchar y entonar una melodía considerada como solemne, para considerar válido un despido, es a juicio del autor de estas líneas una incongruencia insostenible por varios motivos, el primero de ellos es que la sanción que se impuso no corresponde a la prevista en la propia norma ante la violación de sus preceptos, la Ley sobre el Escudo, la Bandera y el Himno Nacionales, contemplan las sanciones precisas para el caso del incumplimiento a sus disposiciones, así, el artículo 56 de dicha norma reza de la siguiente manera:

ARTÍCULO 56.- *Las contravenciones a la presente Ley que no constituyan delito conforme a lo previsto en el Código Penal para el Distrito Federal en materia de fuero común, y para toda la República en materia de fuero federal, pero que impliquen desacato o falta de respeto a los Símbolos Patrios, se castigarán, según su gravedad y la condición del infractor, con multa hasta por el equivalente a doscientas cincuenta veces el salario mínimo, o con arresto hasta por treinta y seis horas. Si la infracción se comete con fines de lucro, la multa podrá imponerse hasta por el equivalente a mil veces el salario mínimo. Procederá la sanción de decomiso para los artículos que reproduzcan ilícitamente el Escudo, la Bandera, o el Himno Nacionales* (Ley sobre el Escudo, la Bandera y el Himno Nacionales, 2012).

Como podemos apreciar, la norma solo contempla en contra del infractor, sanciones consistentes en una multa o en un arresto administrativo por treinta y seis horas, considerar que además se aplican otras sanciones como las de cese previstas en el artículo 46, fracción V, incisos a) e i), de la Ley Federal de los Trabajadores al Servicio del Estado, no permite suponer el exacto cumplimiento de la norma cuando ya se señalan las sanciones para los infractores, no faltará el abogado que señale que es una obligación derivada de la ley, pero debemos de tomar en cuenta que debe aplicarse la sanción exactamente señalada por la ley que se violenta, cuando ella contiene la sanción contra la conducta expresamente aplicable, la garantía constitucional de la exacta aplicación de la ley, a criterio de la propia Suprema Corte de Justicia de la Nación debe ser entendida de la siguiente manera:

*El significado y alcance de dicha garantía constitucional no se limita a constreñir a la autoridad jurisdiccional a que se abstenga de imponer por simple analogía o por mayoría de razón, **pena alguna que no esté decretada por una ley exactamente aplicable al hecho delictivo de que se trata**, sino que también obliga a la autoridad legislativa a emitir normas claras en las que se precise la conducta reprochable y la consecuencia jurídica por la comisión de un ilícito, a fin de **que la pena se aplique con estricta objetividad y justicia; que no se desvíe ese fin con una actuación arbitraria del juzgador**[67]* (Exacta aplicación de la ley penal.

---

[67] Nota del autor, las negrillas son añadidas para enfatizar la idea que se expone.

Garantía, contenida en el tercer párrafo del artículo 14 de la Constitución federal, también obliga al legislador, 2006).

De tal manera que si la norma expresamente aplicable al caso, ya dispone las sanciones a imponerse, no era lógico, que se aplicaran sanciones distintas y en consecuencia la Corte, perdió de vista en el caso que analizamos, las sanciones expresamente aplicables al caso, sobre todo que se trata de los derechos laborales, en los cuales la suplencia de la queja debe estar presente, aún ante la falta de tales conceptos de violación, que también corresponde a un criterio de la corte mexicana:

*... que la **suplencia** de la **queja** a favor del trabajador en la materia **laboral** opera aun ante la ausencia total de conceptos de violación o agravios, criterio que abandona las formalidades y tecnicismos contrarios a la administración de justicia para garantizar a los trabajadores el acceso real y efectivo a la Justicia Federal, considerando no sólo los valores cuya integridad y prevalencia pueden estar en juego en los juicios en que participan, que no son menos importantes que la vida y la libertad, pues conciernen a la subsistencia de los obreros y a los recursos que les hacen posible conservar la vida y vivir en libertad, sino también su posición debilitada y manifiestamente inferior a la que gozan los patrones* (Suplencia de la queja en materia laboral a favor del

trabajador. Opera aun ante la ausencia total de conceptos de violación o agravios, 1995).

Por si las razones expuestas no fueran más que suficientes para considerar que la resolución fue ilegal, debemos de tomar en cuenta que la libertad de creencias se encuentra debidamente garantizada como una garantía individual, la cual el Estado debe respetar, a efecto de mantener no solo el orden constitucional sino los derechos humanos de los ciudadanos, y una norma de menor jerarquía, como la Ley sobre el Escudo, la Bandera y el Himno Nacionales, no puede jurídicamente hablando, dejar sin efecto la garantía de la libertad de culto, al imponer sanciones cuando se ejerce el derecho protegido por la constitución, simple y sencillamente porque todo el orden normativo inferior, debe ajustarse a la norma suprema del sistema jurídico, interpretarlo de otra manera haría nugatorios los derechos protegidos en la libertad de culto, por lo que la sentencia debió armonizar los preceptos de la educación contenidos en el tercero constitucional, con los del veinticuatro, pero no de forma literal, sino estableciendo la interpretación amplia de la garantía y el fin que se pretende proteger, la plena libertad de creencias.

Por otra parte, y al margen de las creencias de los grupos religiosos, con un espíritu meramente ético, yo le preguntaría al lector, ¿le parece adecuado y congruente que los menores canten el himno nacional?, antes de responder, lean las siguientes estrofas oficiales del himno nacional mexicano:

¡Guerra, guerra sin tregua al que intente De la patria manchar los blasones! ¡Guerra, guerra! Los patrios pendones En las olas de sangre empapad.

¡Guerra, guerra! En el monte, en el valle Los cañones horrísonos truenen, Y los ecos sonoros resuenen Con las voces de ¡Unión! ¡Libertad!

Antes, patria, que inermes tus hijos Bajo el yugo su cuello dobleguen, Tus campiñas con sangre se rieguen, Sobre sangre se estampe su pie.

Y tus templos, palacios y torres Se derrumben con hórrido estruendo, Y sus ruinas existan diciendo: De mil héroes la patria aquí fue.

¡Patria! ¡patria! Tus hijos te juran Exhalar en tus aras su aliento, Si el clarín con su bélico acento Los convoca a lidiar con valor.

¡Para ti las guirnaldas de oliva! ¡Un recuerdo para ellos de gloria! ¡Un laurel para ti de victoria! ¡Un sepulcro para ellos de honor! (Ley sobre el Escudo, la Bandera y el Himno Nacionales, 2012).

No tengo una convicción religiosa que me impida cantar el himno nacional, pero estoy convencido que es lamentable su redacción, a mis hijos cuando acudían a la primaria nunca les prohibí cantarlo, pero siempre les repetí que no siguieran *razones de banderas y arsenal* para ofrendar su vida para la nación, la vida es para disfrutarla no para sacrificarla. Por lo que no considero una locura oponerse a rendirle culto a los símbolos patrios, y creo que debe respetarse ya que no afecta sustancialmente a nadie, de igual manera, debemos seguir el ejemplo europeo y respetar en la medida de lo posible, las objeciones laborales sinceras; *Las creencias o convicciones religiosas de los trabajadores no pueden ser tenidas en cuenta para despedir o contratar a los trabajadores, salvo que las especificidades y/o cualificación de determinados puestos de trabajo así lo exijan. Por ejemplo, los empresarios pueden discriminar por motivos religiosos para contratar o despedir a un profesor de religión confesional; sin embargo, en aquellos casos es lo que la misión del trabajador en la empresa no tenga carácter ideológico, sus creencias o convicciones no podrán ser utilizadas como un criterio para contratarle o despedirle, con independencia de que éstas sean o no de agrado de su empleador* (Celador Angón, 2011, pág. 239).

VII.   La objeción de conciencia ante los símbolos patrios.

Ya mencionábamos en el apartado anterior, que los Testigos de Jehová, mantienen como parte de sus creencias, no rendir honores a los símbolos patrios, por considerar que se le rinde un culto que solo se debe a Di-os, también analizamos que dicha negativa constituye una violación a las normas mexicanas, atentos a lo que dispone la Ley sobre el Escudo, la Bandera y el Himno Nacionales, y que el precedente de la corte en México en materia laboral ha sido la de negar el amparo a los maestros que se niegan a participar y enseñar el culto a los símbolos patrios. Pero el tema tiene aún un problema mayor, cuando se expulsan a menores que se niegan a rendir honores a los símbolos patrios, eso le ocurrió a una menor de edad, el Magistrado del poder Judicial federal Salvador Mondragón Reyes, narra el caso en un artículo publicado en el 2005 por la Revista del Instituto de la Judicatura Federal, la resolución parece una verdadera locura, en palabras del propio magistrado: *Pareciera que el derecho a la educación básica o elemental que debe impartir el Estado, no riñe con el derecho a la libertad de creencias religiosas – que debe respetar el Estado – catalogados ambos como derechos fundamentales por la Constitución Política de los Estados Unidos Mexicanos – en lo subsecuente la Constitución – pero en el caso concreto materia de este trabajo, una autoridad administrativa, un juez constitucional y un tribunal revisor mexicanos, consideraron lo contrario* (Mondragón Reyes, 2005), el fundamento para la expulsión de la menor, fue que simplemente se negó a rendir honores a la bandera, a decir del magistrado que analiza el asunto, la autoridad consideró que podría eliminar la garantía de educación consagrada en el artículo tercero Constitucional, porque no cumplía con la obligación de rendir honores a los símbolos patrios contenidos en una norma de inferior jerarquía, la Ley sobre el Escudo, la Bandera y el Himno Nacionales, ya en el rubro anterior había mencionado, que no es posible jurídicamente hablando, dejar sin efecto la garantía de la libertad de culto, al imponer sanciones cuando se ejerce el derecho protegido por la constitución, simple y sencillamente porque todo el orden normativo inferior, debe ajustarse a la norma suprema del sistema jurídico, pero en el caso de la menor no solamente se violenta su libertad de culto, además se le viola una garantía esencial para la niñez, el derecho a la educación, con la violación de dos garantías constitucionales, lo más fácil sería considerar que el acto administrativo de expulsión de la menor debía ser declarado inconstitucional, principalmente por que el tercero constitucional establece que todo individuo tiene derecho a recibir educación, y no existe en el mandato Constitucional cortapisas a esta garantía, ni requisitos de ninguna clase, por lo que la autoridad administrativa responsable, al expulsar a un menor, viola en su perjuicio dicha garantía por profesar una fe que le impide rendir honores a los llamados símbolos patrios. La garantía a la educación tiene especial tutela por el Estado, tan es así que la impone como obligación, para el efecto que los menores reciban la educación pre escolar, primaria, secundaria y bachillerato, por lo que la responsable no solo violó las garantías de la menor, sino además incumplió con sus obligaciones sustanciales, por lo que si mediante un acto administrativo se restringe la entrada de los menores a recibir educación, resulta inaceptable por imposible a la luz de este precepto constitucional, ya que ni el propio Ejecutivo Federal, podría atentar contra esta garantía. Se traduce dicha garantía en una obligación y una facultad para exigir al gobierno, ya que es un derecho público subjetivo, que constriñe a la autoridad y a los propios gobernados a estar sujetos a su mandato. Pero ni la autoridad administrativa, ni el juez de amparo ni el revisor del mismo, llegaron a tales conclusiones lógico – jurídicas, se dejaron llevar por el respeto irracional de los símbolos patrios, ya que parte de las conclusiones fueron las siguientes: *No hay justificación alguna para que un educando no respete los símbolos patrios, como deber impuesto por el Estado* (Mondragón Reyes,

2005), tal determinación solo puede provenir de una falta de sensibilidad a los derechos de los menores y de un desprecio a las creencias de las minorías, quizás por no compartir sus convicciones.

Uno puede considerar falaces las ideas de un tercero y quizás hasta limitantes del pensamiento, pero a pesar de ello, debe entenderse el derecho a la divergencia y tratar de respetarse y aún más, pelear por ese derecho a la oposición, siempre y cuando no afecte ciertos límites, algo parecido a lo acontecido con los Constituyentes de 1857 partidarios de permitir la libertad de conciencia y religión, pese a las amenazas de excomunión de la Iglesia Católica, Francisco Zarco[68], el clásico cronista del Constituyente de 1857, durante las discusiones de la libertad religiosa inició su intervención de la siguiente manera: *Soy católico, apostólico, romano, y me jacto de serlo* (Rabasa E. O., 1991, pág. 82), postura que adoptarían todos los diputados a favor de la libertad de conciencia y religiosa, posteriormente a

---

[68] Francisco Zarco (1829-1869), periodista y político mexicano. Nació en Durango. Autodidacto, estudió idiomas, derecho, teología y ciencias sociales, de cuyos conocimientos dio prueba en sus escritos y discursos. Censurado y perseguido por sus trabajos periodísticos, resultó electo diputado suplente por Yucatán. Fue el editor responsable del diario más importante de la época, *El siglo XIX*. Se sumó al Plan de Ayutla en 1855 y acudió como diputado al Congreso Constituyente, designándosele cronista del mismo hasta que se promulgó la Constitución de 1857. Fuente Microsoft Encarta 2008.

dicha declaración introductoria, expondrían sus razones para respetar el pensamiento de terceros que no fueran católicos, esa es la pluralidad del liberalismo del siglo XIX, pero al parecer en el siglo XXI aún existe alguno que otro retrógrado.

Pero si el poder judicial se ha vestido del traje de la intolerancia religiosa y la falta de libertad de conciencia, la Comisión Nacional de los Derechos Humanos ha salido al quite, en el 2002 al conocer que ciertos menores, inscritos en la Escuela Primaria Benito Juárez, de Crescencio Morales, Zitácuaro, Michoacán, eran suspendidos los días lunes, martes y miércoles de cada semana por el hecho de que se rehusaban rendir honores a los llamados símbolos patrios, acorde a su convicción religiosa como Testigos de Jehová, la Comisión entendió que se transgredían sus derechos a la educación y a la libertad religiosa, y que eran objetos de un trato discriminatorio por lo que también se violentaba su derecho a un trato de igualdad, contemplado en el artículo 1o. constitucional, razón de lo anterior, emitió el 26 de febrero del 2003, la recomendación 7/2003, denominada *SOBRE EL CASO DEL RECURSO DE IMPUGNACIÓN DE LOS MENORES TESTIGOS DE JEHOVÁ EN MORELIA, MICHOACÁN,* en su punto sustancial la Comisión recomendó:

SEGUNDA. Se instruya al Secretario de Educación del estado que gire las instrucciones correspondientes para que se tomen las medidas administrativas procedentes para impartir a los menores XXXXX[69], los conocimientos necesarios para su regularización académica en la Escuela Primaria "Benito Juárez", de Crescencio Morales, Zitácuaro, Michoacán, y así evitar que se afecte su rendimiento escolar.

La presente Recomendación, de conformidad con lo dispuesto en el artículo 102, apartado B, de la Constitución Política de los Estados Unidos Mexicanos, tiene el carácter de pública y se emite con el propósito fundamental tanto de hacer una declaración respecto de una conducta irregular por parte de servidores públicos en el ejercicio de las facultades que expresamente les confiere la ley, como de obtener la investigación que proceda por parte de las dependencias administrativas o cualesquiera otras autoridades competentes para que, dentro de sus atribuciones, apliquen las sanciones conducentes y se subsane la irregularidad cometida.

De conformidad con el artículo 46, segundo párrafo, de la Ley de la Comisión Nacional de los Derechos Humanos, solicito a usted

---

[69] Nota del autor, se omitieron los nombres de los menores en función de la discreción que se merecen.

que la respuesta sobre la aceptación de esta Recomendación se envíe a esta Comisión Nacional dentro del término de 15 días hábiles siguientes a su notificación.

Igualmente, con el mismo fundamento jurídico, solicito a usted que, en su caso, las pruebas correspondientes al cumplimiento de la Recomendación que se le dirige se envíen a esta Comisión Nacional dentro de un término de 15 días hábiles siguientes a la fecha en que haya concluido el plazo para informar sobre la aceptación de la Recomendación.

La falta de presentación de pruebas dará lugar a que se interprete que la presente Recomendación no fue aceptada, por lo que la Comisión Nacional de los Derechos Humanos quedará en libertad de hacer pública esta circunstancia. (Sobre el caso del recurso de impugnación de los menores testigos de Jehová en Morelia, Michoacán, 2003).

Parece que los miembros de la Comisión Nacional de los Derechos Humanos, mantienen mejor criterio jurídico que los del poder judicial y se han pronunciado a favor de la divergencia de pensamiento surgida de la libertad de conciencia.

VIII. Otras objeciones de conciencia.

La objeción de conciencia no se limita a los casos que se han mencionado, ya habíamos adelantado que existen tantas objeciones como personas, y que cada uno llegará a diversos motivos por los cuales objetar. En España por ejemplo, se discute la denominada objeción de conciencia científica, en palabras de Rafael Navarro Valls, se define este tipo de objeción como: *la planteada frente a determinadas actividades conectadas con la ecología o la bioética* (Alfa y Omega, 2001), el propio Navarro Valls señala que en el Reino Unido, en donde se discutía la intención de autorizar la clonación de embriones humanos, también se analizaba proteger la libertad de conciencia del personal científico, que no deseara participar de tales actividades científicas; también señala que en Austria, en su ley de reforma universitaria se concede la objeción de conciencia tanto a los investigadores como a los estudiantes en el caso de experimentos que ocasionen problemas de conciencia; caso similar ocurre en Italia. También en España existe la polémica relativa a la educación, es claro que los padres somos los primeros responsables de la educación de nuestros hijos, y el Estado es tan solo coadyuvante en tal responsabilidad, pero la decisión debe recaer en los padres, por lo anterior, diversos objetores españoles cuestionan determinadas asignaturas cuando a su juicio la participación del Estado: ... *puede convertirse en un instrumento de manipulación ideológica y adoctrinamiento por parte de un Estado que quiere convertirse en formador moral de los niños y jóvenes, según la particular visión de la persona y de la vida del Gobierno de turno* (Profesionales por la Ética, 2006). Pero al parecer este tipo de objeciones aún no calan en las cortes españolas, ya que: *el 28 de enero de 2009, el Pleno de la Sala de lo Contencioso-Administrativo del Tribunal Supremo, decide no reconocer el derecho a la objeción de conciencia de los padres de tres familias asturianas y una andaluza. Así lo comunica el servicio de prensa de dicho Tribunal en un breve escrito que se distribuye entre los medios, tras tres días completos de deliberación. "El Tribunal Supremo acaba de dar a conocer un fallo que establece que Educación para la Ciudadanía es una asignatura como cualquier otra, y que asistir a sus clases es obligatorio para todos los estudiantes de España* (Profesionales por la Ética, 2009, págs. 103 - 104), sin embargo la lucha continúa y no será extraño que tarde o temprano logren tal reconocimiento. En México nos ocurrió algo parecido, cuando en la época del presidente Vicente Fox[70], se modificaron los libros de textos gratuitos, pero en

---

[70] Presidente Constitucional de los Estados Unidos Mexicanos, del 2000 al 2006. Nota del autor.

nuestro país no contamos con la objeción de conciencia para oponernos a la versión de la historia de los grupos en el poder.

Existen además otras manifestaciones a la objeción de conciencia, como la del juramento en los procesos judiciales, que se ha convertido en una práctica en los sistemas jurídicos como el norteamericano, ya que los que deben comparecer en procesos judiciales o para judiciales, tienen que jurar que dirán la verdad con la ayuda de Di-os (Oath in Encyclopaedia Britannica, 2013), hay quienes pueden sentirse afectados por tal juramento y objetar tal obligación, por lo que se les permite la promesa de un testimonio, en lugar de un juramento, a aquellos que no pueden por razones de conciencia realizar un juramento, como los miembros de la Sociedad de los Amigos (Cuáqueros), los Testigos de Jehová y otras personas que tienen objeciones en contra del juramento (Affirmation. In Encyclopædia Britannica., 2013). Pero en México no tenemos tal problema, ya que en los procesos solamente se nos pide conducirnos con verdad.

Hay otras objeciones como la que se realiza en materia fiscal, y que Navarro Valls define como: *la pretensión de excluir de la cuota del impuesto la proporción correspondiente a la suma destinada en los impuestos estatales a materias que el contribuyente entiende contrarias a la propia conciencia* (Trejo

Osornio, 2010, pág. 54), objeción interesante y si se admite, podría dejar sin recursos a un gobierno. En fin, como señalaba, la objeción de conciencia tiene su límite en el número de ideas que surgen de cualquier persona, por lo que la enumeración realizada en esta obra es enunciativa y no limitativa, por lo que deberíamos admitir prácticamente cualquier forma de objeción, dentro de ciertos límites.

CAPÍTULO IV. La norma que regule la objeción de conciencia.

I.   Los límites de la objeción de conciencia.

Si bien la objeción de conciencia es un mecanismo que busca el respeto de las individualidades, sería peligroso que no tuviera límites, por ello, en todas las legislaciones se estipula que la objeción de conciencia debe mantener ciertos límites, entre los que se encuentra la vida; *si se objeta a practicar un aborto, se está defendiendo la existencia de un ser humano –el concebido–, y se puede perjudicar el «estilo de vida» de aquella mujer para la que tener un hijo suponga un obstáculo en su «desarrollo vital». La práctica demuestra que, ante tal dicotomía, los poderes públicos admiten que los profesionales sanitarios se puedan decantar por la defensa del valor de la vida* (López Guzmán, 2011, pág. 82). La admisión de la objeción de conciencia, podría afectar a los pacientes si no hubiera personal no objetor que los atendiera, por lo que se traduce en una obligación de las autoridades hospitalarias a mantener personal que atienda las emergencias y se pueda preservar el servicio necesario que se brinda en los hospitales.

En relación al tema, un caso de objeción de conciencia que resulta trágico, ocurrió en España con un menor y sus padres, miembros de la denominación religiosa Testigos de Jehová, donde el Tribunal Constitucional ha llegado a eximir del cumplimiento de una norma por razones de conciencia. El menor falleció por no haber recibido transfusiones de sangre, sus padres fueron condenados por haber impedido las transfusiones sanguíneas, pero el Tribunal Constitucional, *otorga el amparo por considerar que, dado que no habían mostrado oposición o ánimo de contravenir las decisiones de los poderes públicos o del juez, y la actuación de éstos podría haber evitado la muerte del menor, no podía exigírseles –pese a su condición de garantes– una actuación positiva contraria a sus convicciones* (Nuevo, 2004, pág. 34), creo que tal situación no debió ser consentida, la vida del menor tiene un peso mayor que la libertad de creencias, cuando alguien en su libertad de conciencia prefiere la muerte de una persona, traspasa los límites sanos de la figura jurídica que se estudia y creo que no debe ser admitida, por trasciende a los actos mismos del objetor y ya involucra la vida de quienes no pueden defenderse y alzar la voz.

En México se han dado casos parecidos con los testigos de Jehová, en una circular del Instituto Mexicano del Seguro Social en Guadalajara, de fecha 1 de noviembre de 1995 se lee lo siguiente: *... que todo portador de una identificación que se anexa, POR NINGUN MOTIVO SE LE DEBE TRANSFUNDIR. Que se exime al*

Instituto y al Médico tratante la responsabilidad legal. A los familiares o acompañantes de todo paciente que se le considere candidato al manejo quirúrgico y se le identifique con dicho documento NO SE LE DEBERÁ SOLICITAR DONACIÓN SANGUÍNEA, pero sí proporcionar el tratamiento médico quirúrgico que necesite además de que se investigarán las alternativas que para solucionar cada caso en particular les presenten los médicos pertenecientes a esta Congregación Religiosa (Santos González, 2004), sin embargo al intentar verificar lo anterior, mediante una solicitud de información a la dependencia, se me informó en esencia, que con el fin de preservar la vida se deben realizar los tratamientos que sean necesarios, incluyendo transfundir sangre (Instituto Mexicano del Seguro Social, solicitud de información 0064100661313, 2013). Lo que resulta lógico, ya que cuando se trata de vidas humanas, sobre todo de menores, si bien entendería que un adulto se oponga a recibir un tratamiento médico, no debiéramos tolerar la misma situación cuando un menor tiene su vida en juego, porque simple y llanamente el menor no tiene aún la capacidad de ejercicio, pero sí la de goce y en consecuencia debe gozar de los servicios y protección a la salud que el Estado le debe, aún en contra de la voluntad de sus padres. Ya que el pluralismo como valor de la sociedad, no implica desvincular la protección del Estado a los menores, ¿hasta qué grado un padre goza de la facultad de decidir por su hijo hasta decidir su muerte?, la evolución de nuestro derecho no permite tal hipótesis, nuestra libertad de decisión se encuentra condicionada a no afectar derechos de terceros, aún y cuando sean nuestros hijos, por lo que tales criterios deben ser revisados.

Los límites de la objeción de conciencia deben darse entonces, en el respeto de las garantías de terceros, aún cuando esos terceros sean hijos del propio objetor, porque también gozan de derechos públicos que deben ser respetados, el ejercicio de la patria potestad no podría hacer nugatorios tales prerrogativas, ya que si bien los padres disponemos en primera instancia del derecho de educar y velar por la seguridad de nuestros hijos, algunas ideas firmemente arraigadas podrían nublar nuestra inteligencia en la toma de las decisiones a favor de nuestros hijos, lo que debe imponer un límite al ejercicio de la objeción de conciencia. Francisco García Costa al respecto opina: *los menores de edad son titulares plenos de sus derechos fundamentales, en este caso, de sus derechos a la libertad de creencias y a su integridad moral, sin que el ejercicio de los mismos y la facultad de disponer sobre ellos se abandonen por entero a lo que al respecto puedan decidir aquellos que tengan atribuida su guarda y custodia o, como en este caso, su patria potestad, cuya incidencia sobre el disfrute del menor de sus derechos fundamentales se modulará en función de la madurez del niño y los distintos estadios en que la legislación gradúa su capacidad de obrar* (García Costa, 2007, pág. 13)*,* recomendable sería entonces que el menor pudiera ser escuchado, los padres sabemos que los hijos van demostrando diversos grados de responsabilidad y madurez, al grado que aun siendo menores, en ocasiones debemos reconocer que llegan a tener un mejor juicio que nosotros en algunos aspectos, por lo que en el caso de menores de 17, incluso 16, 15, 14, 12 ó menos, deben ser escuchados, disposiciones de ese tipo ya se contemplan en los códigos civiles del país, donde el juez para fijar la situación de los hijos debe escuchar a los menores, por ejemplo el artículo 157 del código civil veracruzano en la parte que nos interesa señala: *La sentencia de divorcio fijará en definitiva la situación de los hijos, para lo cual el juez deberá resolver todo lo relativo a los derechos y obligaciones inherentes a la patria potestad, su pérdida, suspensión o limitación según el caso, y en especial a la custodia y al cuidado de los hijos. De oficio o a petición de parte interesada durante el procedimiento, se allegará los elementos necesarios para ello, **debiendo escuchar a ambos progenitores y a los menores,** para evitar conductas de violencia familiar o de cualquiera otra circunstancia que amerite la necesidad de la medida, **considerando el interés superior de estos últimos**[71].*

(Código Civil para el Estado de Veracruz, 2012), valga el ejemplo para destacar, tal y como lo señala el código sustantivo veracruzano, que es el interés superior de los menores el que debe prevalecer, por lo que el Estado debe realizar lo necesario para que sus derecho a la salud y la vida no se vea afectado, y si ello implica negar a sus padres la objeción de conciencia, resulta la medida necesaria y adecuada para evitar un daño a la salud o la pérdida de la vida de los menores.

Por otra parte, resulta claro que tratándose de urgencias médicas, no debe haber objeción de conciencia, ya que si hubiera una mujer con fuerte sangrado en el que resulta innegable que su vida corre peligro, los médicos tienen la obligación de realizar lo que sea necesario para estabilizarla, aún practicar un aborto o realizar una transfusión sanguínea, por lo que resulta un límite razonable a la objeción de conciencia.

Otro límite a la objeción de conciencia, lo constituye el derecho al honor, a la intimidad personal y familiar, en España el tribunal constitucional así lo ha afirmado, los antecedentes de la sentencia se basan en unas declaraciones, para decir lo menos, lamentables

---

[71] Nota del autor, las negrillas son añadidas para enfatizar la idea que se expone.

y que me permito reproducir el inicio de sus antecedentes y los puntos sobre los que se resolvió:

El núm. 168 de la revista «Tiempo», correspondiente a la semana del 29 de julio al 4 de agosto de 1985, publicó un reportaje titulado «Cazadores de nazis vendrán a España para capturar a Degrelle», en el que se recogían unas declaraciones realizadas a la revista por don León Degrelle, ex Jefe de las Waffen S.S., en relación con la actuación nazi con los judíos y con los campos de concentración, quien entre otros extremos afirmó lo siguiente:

«¨Los judíos? Mire usted, los alemanes no se llevaron judíos belgas, sino extranjeros. Yo no tuve nada que ver con eso. Y evidentemente, si hay tantos ahora, resulta difícil creer que hayan salido tan vivos de los hornos crematorios.»

«El problema con los judíos -matiza Degrelle- es que quieren ser siempre las víctimas, los eternos perseguidos, si no tienen enemigos, los inventan.»

«Falta un líder; ojalá que viniera un día el hombre idóneo, aquél que podría salvar a Europa... Pero ya no surgen hombres como el Fürher... »

b) En fecha 7 de noviembre de 1985, la hoy recurrente de amparo formuló demanda de protección civil del derecho al honor, al amparo de lo dispuesto en la Ley 62/1978, de 26 de diciembre, contra don León Degrelle, por haber proferido las declaraciones antes transcritas, y contra don Juan Girón Roger, periodista y autor del reportaje publicado, y don Julián Lago, Director de la revista «Tiempo», cuyo conocimiento correspondió al Juzgado de Primera Instancia núm. 6 de Madrid (autos núm. 1284/85). En la demanda se alegaba, en síntesis, que las citadas declaraciones habían lesionado el honor de la actora judía, quien estuvo internada en el campo de exterminio de Auschwitz, donde murió gaseada toda su familia por orden de un médico citado en las declaraciones, por cuanto que con tales afirmaciones el demandado no sólo tergiversaba la Historia, sino que, además, llamaba mentirosos a quienes, como la demandante, padecieron los horrores de los campos de concentración nazis.

Tras la pertinente tramitación, el Juzgado dictó Sentencia el 16 de junio de 1986, en la que estimó la excepción de falta de legitimación activa aducida por la parte demandada y absolvió de la demanda a los demandados. En los fundamentos de Derecho, el Juez razona, de una parte, que la actora no está legitimada para la protección de su honor no atacado en el reportaje porque ninguna de las expresiones se referían concretamente a ella, pues ni se le nombraba ni aludía personalmente, sin cuyo requisito de determinación de la persona no cabe la protección que concede la Ley Orgánica 1/1982, de 5 de mayo, ni la misma podía arrogarse la defensa de una etnia, raza o pueblo. Y, de otra parte, que las declaraciones del señor Degrelle estaban amparadas por el derecho a la libertad de expresión consagrado en el art. 20.1 de la C.E. ... aun reconociendo la importancia de la protección de un derecho fundamental como es el de la libertad de expresión, reconocido en el art. 20.1 a) de la Constitución, supone olvido de que hasta el propio Texto constitucional, de una forma expresa en su art. 20.4, determina que las libertades de que en ese precepto se trata, entre ellas la de expresar y difundir libremente los pensamientos, ideas y opiniones mediante la palabra, el escrito o cualquier otro medio de reproducción, «tiene un límite en el respeto de los derechos reconocidos en este Título..., especialmente en el derecho al honor, a la intimidad, a la propia imagen y a la protección de la juventud y de la infancia». Por ello puede decirse que hasta la propia Constitución no tolera la libertad de expresión en forma tan amplia como la entiende la resolución judicial.

... En consecuencia a lo expuesto, ha de concluirse, pues, que, si bien parte de las manifestaciones en cuestión realizadas por el Sr. Degrelle estaban incluidas en el ámbito de la libertad de

expresión, otra parte de ellas -las antes mencionadas no quedan justificadas por el art. 20.1 C.E., por lo que procede declarar la existencia, en el presente caso, de intromisión legítima en el honor y dignidad de la hoy recurrente, de conformidad con lo dispuesto en los arts. 1.1, 10.1 y 18.1 C.E. Por tanto, y en congruencia con el petitum contenido en el suplico de la demanda, procede el otorgamiento del presente recurso de amparo, anulando las Sentencias de los Tribunales en cuanto no reconocieron aquel derecho fundamental. (Doña Violeta Friedman contra Sentencia del Tribunal Supremo dictada en recurso de casación dimanante de juicio sobre protección civil del derecho al honor seguido en el juzgado de primera Instancia núm. 6 de Madrid, 1991).

Creo que nadie debe alegando un derecho de libertad de expresión o de objeción de conciencia, pueda válidamente hacer señalamientos que se traduzcan en una intromisión en el honor y dignidad de un tercero, en España como lo hemos visto, el tribunal constitucional ha decidido sacrificar el ejercicio de la libertad de pensamientos, conciencia y religión, para salvaguardar el interés público del honor y la dignidad, a mi juicio correctamente, por lo que se establecería otro límite a la figura jurídica que se estudia.

Otro límite en la opinión de Alberto Trejo, lo constituye el fraude a la ley, es decir, *la objeción de conciencia puede ser utilizada por un individuo que no tenga una conciencia bien formada para intentar de manera fraudulenta evadir el cumplimiento de una obligación jurídica o su sanción* (Trejo Osornio, 2010, pág. 111), y es que si no se cuida ese aspecto la objeción de conciencia podría convertirse en una salida fácil para no cumplir la ley, debe por lo tanto existir una convicción y antecedentes de los hechos que se pretenden objetar, por eso en algunos países lo ligan exclusivamente a creencias religiosas y la demostración de pertenecer a un grupo con tales creencias.

En síntesis, los límites de la objeción de conciencia, son los derechos de los demás, ya que gozamos de derechos limitados, con la finalidad de evitar invadir la esfera jurídica de nuestros semejantes, que también el Estado resguarda sus derechos.

II.   La objeción de conciencia puede beneficiar a las mayorías.

La objeción de conciencia como figura jurídica, constituye una herramienta que coadyuva a la integración de grupos religiosos, libres pensadores, ateos y en general a los que culturalmente les resulta ajeno el sistema jurídico de un país. Si además consideramos el hecho que hoy en día vivimos en una sociedad más globalizada y por lo tanto con una mayor pluralidad de pensamientos y menos fronteras ideológicas, ante la casi desaparición de los Estados confesionales, permite un mayor intercambio y acercamiento de todos los grupos, lo que ayuda indudablemente a construir una mejor sociedad.

La obediencia que debemos al derecho, nace del carácter imperativo de la norma, así tenemos que la norma jurídica es en primer lugar coercible, es decir, se fuerza la voluntad para que se obedezca o se hace uno acreedor a la sanción prevista. En relación a la coacción, Kelsen afirmó: *Lo que distingue al orden jurídico de todos los otros órdenes sociales, es el hecho de que regula la conducta humana por medio de una técnica específica. Si ignoramos este elemento específico del derecho, y no lo concebimos como una técnica social específica y lo definimos simplemente como orden y organización, y no como orden (u organización) coercitivo, perderemos la posibilidad de diferenciarlo de otros fenómenos sociales* (Correas, 2004, pág. 39), en efecto, si bien existen otras características del derecho, la fundamental es la capacidad coercitiva, ya que permite el funcionamiento de la fuerza del Estado para imponer el orden, es tal su importancia, que se dice que cuando una norma no tiene establecida una sanción es una norma imperfecta. Las obligaciones contenidas en las normas, son importantes y vinculadas a la sociedad que las genera y nos permiten convivir en paz, ya que como bien lo señala el Maestro Moto Salazar: *La Sociedad, para realizar su progreso y mejoramiento, necesita del orden, sin el cual todo intento de convivencia resulta inútil. Este es, entonces un elemento indispensable para la organización y desarrollo de la vida en común* (Moto Salazar, 1983, pág. 5), el orden es importante porque las relaciones sociales no siempre son armónicas, por el contrario, la vida en común genera conflictos, en una familia sin la autoridad de la madre, el padre o el tutor y los límites que se imponen a los hijos, existiría un verdadero caos ya que la inmadurez de los menores no les permitiría responder a las exigencias de la vida, pero también a los mayores nos hace faltan límites ya que sin ellos habría desorden y anarquía, dificultándose la convivencia. Necesitamos entonces, la intervención del Derecho como un elemento que imponga armonía en la vida social, algunos dicen que el derecho tiene entonces una formación espontánea, *el reconocimiento de los derechos individuales gestó la idea de un orden espontáneo surgido a partir de la natural inclinación del hombre a buscar su propio provecho a través de intercambios voluntarios con otros hombres* (Rojas, 1990)*,* si bien no es espontáneo sino paulatino, ya que se forma con la aceptación y convicción que las ideas de otros nos darán ventaja y que por lo tanto, debe estar presente en el derecho para regular el orden social, estoy convencido que se fortalece la sociedad con la objeción de conciencia, porque el orden representado por el derecho, es realmente axiológico, toma en cuenta los valores de la sociedad y los plasma en la norma para permitir la convivencia, y la sociedad actual demanda un mayor pluralismo, por lo que la medida de los valores requiere una mejor tolerancia y respeto a las diferencias ideológicas.

Debemos estar conscientes además, que cada individuo tiene sus propios valores, y que no encontraremos un reflejo exacto de lo que se considera bueno y malo, porque esa determinación no solo varía de una sociedad a otra sino también entre las personas que la conforman, la estructura de las ideas de lo bueno y malo forman desde la niñez la personalidad y la conciencia, constituyendo el aspecto subjetivo con el que nos enfrentamos a la norma y nos tratamos de adaptar a ella, pero si la norma no contiene la vinculación de los fenómenos de comportamiento que nos parecen razonables, estos no tendrán eficacia en su aplicación, se requiere entonces que la sociedad y los individuos validen la norma. Debemos recordar que las leyes normalmente encuentran su obediencia en la autonomía, porque la sociedad acepta la hipótesis normativa que refleja los fenómenos que admite como válidos; la obediencia original no se debe al carácter heterónomo de la norma, porque para ello, debe hacerse valer en instancias procesales administrativas o jurisdiccionales, donde entonces se impone el estado de derecho, pero ello sucede con menos frecuencia, en términos generales la mayoría respeta las leyes y los sistemas que nos permiten la convivencia; por muchas demandas y delitos que existan, la mayoría del comportamiento de los miembros de la sociedad constituyen hechos simples o jurídicos admitidos por todos, solo un número relativamente reducido llega a instancias de decisión de autoridades. Desde estos presupuestos, como bien lo señala Pablo Nuevo, *cobra especial relevancia la objeción de conciencia, para evitar que la imposición de la norma vulnere el derecho al libre desarrollo de la personalidad (unido a la libertad ideológica)* (Nuevo, 2004, pág. 32), la ciencia jurídica entonces, debe ser un orden social válido y eficaz, para Kelsen *un orden jurídico sólo es válido si de una manera general los individuos a los cuales se dirige conforman sus conductas a las normas que lo constituyen. Sin duda no es necesario que estos individuos se conduzcan, en toda circunstancia y sin excepción, de la manera prescrita por las normas jurídicas, ya que siempre hay cierto desacuerdo entre la conducta de los hombres y las normas que la regulan. Mas un orden jurídico puede ser considerado eficaz cuando la amplitud de este desacuerdo no traspasa cierto límite* (Kelsen, 1960), ¿Qué pasaría realmente si permitimos la objeción de conciencia?, ¿Qué algunos no canten el himno nacional nos afecta?, ¿Qué otros no quieran celebrar la navidad nos causa perjuicio?, qué parte del personal de los hospitales no quiera practicar un aborto ¿es tan grave cuando otros lo pueden hacer?, qué alguien no quiera trabajar en sábado y se le descuente el día ¿es tan problemático para el patrón?, que en un hospital público a un judío le lleven su propia comida (guardando las indicaciones médicas) ¿es tan grave?, que un militar ya no quiera participar matando gente ¿le causa daño a la sociedad?; Kelsen nos dice y lo dice bien, que es válido cierto desacuerdo con la norma, los grupos minoritarios siempre han pedido a la autoridad que en el ejercicio del poder, se debe respetar una serie de garantías que le pertenecen a los ciudadanos, por lo que la legitimación en el ejercicio del poder ha permitido a la larga dicho respeto, por lo que incumplir una norma cuando su contenido sea contrario a lo que dicte la conciencia subjetiva del individuo y no cause daño a la sociedad, abona a un mejor Estado de derecho al reconocer la pluralidad que nos conforma, pues impedir el ejercicio de tales garantías y exigir ciegamente el cumplimiento de la norma, hace casi imposible la vida comunitaria.

Claro que debemos insistir que el pluralismo que aboga la objeción de conciencia, debe operar en un marco que garantice el derecho de terceros, que respete la vida, las condiciones sanitarias esenciales para la salud, la seguridad pública, la protección del orden, entre otras ideas, pero el pleno ejercicio de la objeción de conciencia, *repercute de forma clara en la creación de un contexto de convivencia donde florezca la diversidad ideológica y religiosa, que es el ingrediente central del pluralismo* (Celador Angón, 2011, pág. 236), y mediante el cual se fomenta el mejor clima posible, para que todos en general, podamos desarrollar nuestra libertad de pensamiento y personalidad, logrando una libre manifestación de nuestras convicciones no limitada por leyes consideradas injustas, quedando en los propios individuos y no en las leyes, es decir, en las propias limitaciones mentales; por lo que estoy convencido, nos ayudaría a construir un mejor Estado.

III.   Elementos de la objeción de conciencia.

Quizás el primer elemento que debemos de tomar en cuenta al hablar de la objeción de conciencia, es precisamente que tal objeción nazca verdaderamente en la conciencia del individuo, pero que además dicha convicción sea sincera, ya que si lo que se pide es una excepción al cumplimiento de una ley, debe evitarse cometer un fraude que busque escaparse por simple capricho, de las obligaciones derivadas de la norma, ya que no faltarían aquellos que pretendan verse en condiciones para no cumplir con sus deberes, por ello el ejercicio del derecho de la objeción de conciencia debe restringirse para garantizar el orden y el correcto funcionamiento de las instituciones públicas y solamente se debe admitir, para aquellos casos en donde se pueda acreditar una genuina convicción. Pero determinar la sinceridad de una persona no es cosa fácil, atender a sus motivaciones internas es por demás difícil, el derecho normalmente se ocupa de la conducta visible de los individuos, no porque no le interese el aspecto volitivo para conocer las intenciones de los actos jurídicos, sino porque resulta difícil saberlo, por ello una de las características fundamentales del derecho es su exterioridad, ya que a diferencia de las normas morales y religiosas, el derecho no atiende en principio a los elementos internos del pensamiento, por ello decimos que la norma moral y religiosa al mantener un concepto de interioridad se separa sustancialmente del derecho, Víctor Rojas al respecto señala: ... *a la norma moral le interesa la intención de obrar, el fundamento y la razón del actuar, en contra de la estimación de la norma jurídica que atiende el resultado externo de la conducta* (Rojas Amandi, 2000, pág. 177), por ejemplo, si comparamos el mandamiento bíblico contenido en el libro de éxodo 20: 17 que a la letra reza: *No codiciarás la casa de tu prójimo, no codiciarás la mujer de tu prójimo, ni su siervo, ni su criada, ni su buey, ni su asno, ni cosa alguna de tu prójimo* (La Biblia Reina - Valera, 1960), tal mandamiento religioso si bien atiende a principios morales de convivencia, el derecho no podría intervenir en un caso así, porque su objetivo es regular la conducta externa de los sujetos no su pensamiento, son los hechos y actos jurídicos los que se sancionan no la interioridad de los pensamientos, podemos mantener ideas agresivas, el deseo de golpear y matar, pero mientras no demos los pasos tendientes a conseguirlo al derecho no le importa. Sin embargo debo aclarar, que no debe confundirse el simple pensamiento con los actos tendientes a lograr la conducta y la frustración de los planes, por ejemplo, hace algunos años una señora me consultaba alegando que su nieto estaba preso injustamente por un supuesto robo que no cometió, al indagar sobre el asunto me explicó que su nieto había entrado a robar pero no lo había hecho, el dueño de la casa lo descubrió, logró atraparlo y someterlo, llamando posteriormente a la policía y lo habían procesado por robo, ¿cometió el joven el hecho ilícito o no?, la respuesta es que lamentablemente sí, es culpable de robo pero en grado de tentativa, es decir, la conducta no llegó a consumarse por causas ajenas al delincuente, pero sí realizó todos los pasos tendientes a concluir su plan, al no quedarse en el mundo de los pensamientos, el derecho sí toma parte activa, cosa distinta es el simple hecho de pensar en robar sin realizar plan o conducta alguna para consumarlo. En la figura jurídica de la objeción de conciencia, se rompe el paradigma normal del derecho y se debe analizar también el aspecto volitivo que lleva al objetor, a la oposición a la norma jurídica, tratando de determinar con cierto grado de veracidad, las intenciones y la sinceridad del objetor. En los Estados Unidos por ejemplo, tratándose del servicio militar, se puede solicitar un registro como objetor de conciencia, el solicitante debe comparecer ante una junta local para explicar sus creencias, presentando los documentos en los que aclare cómo llegó a convertirse en objetor en base a sus creencias, así como la influencia de sus ideas en la forma como vive su vida, la junta local analizará la solicitud, los argumentos presentados y las pruebas que se acompañen a efecto de determinar, si concede o niega la clasificación como objetor de conciencia. Si la decisión de la junta fuera contraria a sus pretensiones, el objetor puede presentar una apelación ante la Junta de Apelaciones de Distrito, en caso de que se mantenga la negativa, podría apelar ante la Junta Nacional de Apelaciones. Debe quedar claro que las razones que se esgriman para ser declarado objetor de conciencia, debe basarse en cuestiones religiosas, morales o éticas, ya que no se admiten razones políticas, de conveniencia o el interés propio, por lo que se analiza si el estilo de vida del solicitante, antes de su reclamo, corresponde a sus demandas para ser considerado objetor, (Conscientious objection and alternative service, 2002), con dicho procedimiento se pretende, evitar el fraude que mencionaba al inicio de este rubro y vislumbrar por el historial del solicitante, si existen los signos externos que permiten considerar que no nos encontramos ante un caso de fraude y por el contrario, existe la firma convicción de las creencias que lo hagan merecedor a ser considerado un objetor.

Un segundo elemento de la objeción de conciencia, es que la misma es de carácter personal, es decir, el simple hecho de pertenecer a una denominación religiosa no te convierte de manera directa en un objetor, sino que debe existir una firme convicción en cuanto a la oposición que se pretende, lo anterior va de la mano con intentar evitar los fraudes, no se puede admitir entonces que un tercero o ministro religioso hable por la persona, es ella la que debe acreditar que tiene el carácter de objetor. Pensemos en los ministros católicos y un médico de dicha religión, si bien puede quedar claro que los ministros mantienen una postura en contra del aborto y señalan que los médicos de dicha religión no pueden practicar un aborto, en principio se esperaría que atendiendo a los valores que protegen su religión, un médico católico fuera un objetor en contra del aborto, sin embargo, podría en su actividad profesional particular realizar algunos actos que permitan suponer lo contrario, como recetar la llamada píldora del día después, el llamado aborto farmacológico, podría tener también diversas publicaciones señalando métodos de aborto, pero cuando ejerce en una institución pública se presenta como objetor de conciencia, fundando tal circunstancia en el hecho de profesar la fe católica. En este caso vemos un ejemplo que permite suponer una falta de sinceridad, por lo que se debe analizar el caso en particular y no de manera general, para determinar si existen los elementos que acrediten el estado de objetor. El carácter personal ha sido considerado como un elemento característico de la objeción de conciencia para diferénclalo de la desobediencia civil que tiene un carácter colectivo.

Un tercer elemento, es que exista una norma jurídica en específico, Dora Sierra considera: *El deber legal puede ser de cualquier tipo. Puede tratarse tanto de un precepto positivo o negativo, de un hacer o de un no hacer (acción u omisión) es decir, que prescriba una determinada conducta o que la prohíba* (Sierra Madero, 2012, pág. 19). Resulta claro que si no existiera un deber en la norma jurídica no habría objeción, por lo que este elemento resulta indispensable, pero además se debe caer en los supuestos que la norma regula, ya que de no ser así sería fantasioso, el velador de un hospital no podría ser objetor en contra del aborto por ejemplo, ya que no participa en tales procedimientos a pesar de encontrarse en el mismo edificio en el cual se practica dicha operación, por lo que debe existir una obligación real a la cual oponerse.

Un cuarto elemento a tomar en cuenta, es que la norma que se incumple contenga una sanción, ya que en la norma jurídica normalmente existe el aspecto imperativo, es decir, se establece la obligatoriedad de la norma por medio de un castigo, así tenemos que la norma jurídica es en primer lugar coercible, es decir, se fuerza la voluntad para que se obedezca o se hace uno acreedor a la sanción prevista, en efecto si bien existen otras características del derecho, la fundamental es la capacidad coercitiva, ya que permite el funcionamiento de la fuerza del Estado para imponer el orden, es tal su importancia, que se dice que cuando una norma no tiene establecida una sanción es una norma imperfecta. Pareciera que todas las normas deben tener una sanción, pero en la práctica, vemos la existencia de normas que no contienen sanción alguna, por lo que no se puede compeler jurídicamente la falta de cumplimiento de las mismas. De hecho como se señalaba, dichas normas se conocen como imperfectas, y se definen como aquellas que no plantean sanción alguna, siendo en algunos casos meramente declarativas y la sanción no puede inferirse o deducirse, sino que tiene que estar expresamente contemplada en la Ley.

El último elemento que integra la figura jurídica de la objeción de conciencia, es que se encuadre dentro de ciertos límites, ya habíamos analizado (I), que la objeción de conciencia no es un derecho que pueda gozarse libremente, ya que los límites de la objeción de conciencia, son los derechos de los demás, porque ha quedado demostrado que gozamos de derechos limitados, con la finalidad de evitar invadir la esfera jurídica de nuestros semejantes, ya que también el Estado resguarda sus derechos.

IV. Objeción de conciencia en la Universidad Veracruzana.

Ya habíamos adelantado que en nuestro país existe una casi nula legislación en materia de objeción de conciencia, sin embargo ello no implica que no se respete, con asombro y con mucho gusto, ya que formo parte de la familia universitaria de la Veracruzana, he descubierto que existen casos de objeción de conciencia que han sido respetados en mi alma mater. La historia es la siguiente: cuando mi hija realizaba sus trámites para pre inscribirse en la Universidad Veracruzana, me preguntó porqué era requisito señalar la religión, la respuesta es que un grupo religioso denominados Adventista del séptimo día, secta cristiana con tendencia judaizante que respeta parcialmente las leyes del *Kasruth (64)* y el *Shabat (21)* judío, se oponen a realizar examen de admisión en el día sábado, por lo que en el 2005 el dirigente de dicha denominación en la zona de Veracruz, el denominado Pastor Juan José Andrade González, decidió intentar lograr un cambio para sus agremiados, en una entrevista que me concedió, sostenía que se les pedía a sus feligreses no acudir a presentar examen en sábado porque era violatorio de sus creencias, pero ya que era el azar lo que resolvía el día del examen solamente afectaba a los que por suerte los tocaba precisamente en ese día, y ya que la universidad aplicaba examen tanto en sábado como domingo, decidió no solamente pedir en oración el cambio de día, sino que mediante una carta enviada al Coordinador de asuntos religiosos de la Subsecretaria de Gobierno del Estado de Veracruz, solicitaron formalmente que un grupo de los adventistas aspirantes al ingreso en la Universidad Veracruzana, no fueran tomados en cuenta para presentar examen en sábado, sino en cualquier otro día (Andrade González, 2011). En respuesta a su misiva, el entonces Coordinador de asuntos religiosos del gobierno del Estado de Veracruz, envío oficio No. CAR/0174/05, al Director General de Administración Escolar de la Universidad Veracruzana, donde sustancialmente repetía la solicitud de Juan José Andrade, posteriormente se enviaron dos misivas más ampliando el número de miembros de dicha religión que solicitaban el mismo tratamiento. Las cartas y las respuestas a las mismas, fueron solicitadas por el autor de estas líneas en el sistema de solicitud de información de la Universidad Veracruzana, con los folios números: 320/2012 y 345/2012 (Universidad Veracruzana. Coordinación Universitaria de Transparencia y Acceso a la Información 320/2012, 2012) (Universidad Veracruzana. Coordinación Universitaria de Transparencia y Acceso a la Información. 345/2012, 2012), proporcionándome versiones públicas de los documentos donde se constan los hechos.

A pesar de que ni en la legislación universitaria, ni en las normas del Estado de Veracruz y mucho menos en las federales aplicables a la educación superior, existe expresamente la figura jurídica de la objeción de conciencia, la Universidad Veracruzana a juicio de quien estas líneas escribe, dio cumplimiento a lo solicitado por este grupo religioso, en la interpretación armónica de la libertad religiosa contenida en la constitución federal, en los artículos 6 y 7 de la Constitución local, que garantizan, el pleno goce de la libertad, igualdad, seguridad, la no discriminación de las personas y el derecho de petición ante los organismos autónomos del Estado (Constitución Política del Estado de Veracruz de Ignacio de la Llave, 2012), entre los que figura la Universidad Veracruzana, así como de los preceptos que regulan la vida universitaria, ello en la extrapolación del artículo 4 de su ley orgánica, que le obliga a mantenerse vinculada a la sociedad que la sustenta, coadyuvar a solucionar sus problemas y ese derecho a la pluralidad que caracteriza a la Universidad pública, el artículo en comento a la letra señala:

Artículo 4°. La Universidad Veracruzana deberá estar vinculada permanentemente con la sociedad, para incidir en la solución de sus problemas y en el planteamiento de alternativas para el desarrollo sustentadas en el avance de la ciencia y la tecnología, proporcionándole los beneficios de la cultura y obteniendo de ella en reciprocidad, los apoyos necesarios para su fortalecimiento (Ley Orgánica de la Universidad Veracruzana, 1996).

Por lo que considerando, que si en la Constitución federal se garantiza el derecho a la libertad religiosa, la Universidad se comportó a la altura de sus nobles propósitos y otorgó lo solicitado por el grupo religioso. De tal forma que la libertad ideológica, religiosa y de culto, junto con la vinculación permanente con la sociedad, permitió otorgar la objeción de conciencia aun sin estar regulada ni manifestarse con su nombre, una vez más, vemos que el sentido de justicia no necesita una declaración expresa para hacerse presente, bastando el marco normativo de las garantías, para que mediante la labor judicial, el de las autoridades administrativas o los organismos autónomos, como la Universidad Veracruzana, puedan ser protegidos todos los derechos fundamentales. Lamentablemente, se requiere que todos entendamos el derecho de la misma forma para que el ejercicio de las garantías se haga cotidiano, pero como ello no siempre es posible, será recomendable que el legislador se pronuncie y la objeción de conciencia se convierta en una realidad en México, siguiendo el pensamiento liberal de otros países, y se garanticen más libertades, lo que siempre redundará en la construcción de una mejor sociedad.

Si bien en el caso que reseñamos, no se cumple el elemento personal ni existió análisis alguno para determinar si tenían o no, una firme convicción que les impidiera presentar examen en sábado, amén de que el trámite se realizó de manera colectiva, debemos de tomar en cuenta que la Universidad actuó de buena fe y convencida de su compromiso social, además de que como se ha señalado, no existía fundamento jurídico para analizar la petición, pero el respeto por los derechos humanos fue mayor, lo que permitió la interpretación amplia de la garantía de libertad religiosa, como he señalado.

V. ¿Es necesaria una reforma Constitucional para reconocer la objeción de conciencia?

La constitución mexicana, por lo menos a la fecha en que me encuentro redactando el presente texto, no contiene expresamente a la figura de la objeción de conciencia, por lo que podríamos suponer que lo primero que se requiere es una reforma constitucional para dar cabida a tal figura jurídica, analicemos entonces si tal reforma es necesaria. Por principio de cuentas, debemos reflexionar que la objeción de conciencia ha sido considerada como un derecho humano, ya que es una manifestación de la garantía de libertad de pensamiento, de conciencia y de religión reconocida en la declaración universal de los derechos humanos del 10 de diciembre de 1948, situación que ya se había señalado en la presente obra (III), y que al ser nuestro país parte de las Naciones Unidas le resulta vinculante, aunque debo reconocer que no todos comparten esa opinión, pero como bien lo señalan Raúl Plascencia y Ángel Pedraza, la declaración forma parte de los valores que en materia de derechos humanos debemos respetar: *Respecto a este instrumento internacional existe discrepancia de criterios en torno a su carácter vinculatorio, en virtud de su naturaleza declarativa, sin embargo, en la práctica no resulta factible negarle validez jurídica, ya que forma parte de los estándares universalmente compartidos en la materia.*

(Plascencia Villanueva & Pedraza López, 2011, pág. 105); en el artículo 18 de la mencionada declaración, se encuentra plenamente establecido el derecho a la libertad de pensamiento y de conciencia: *Toda persona tiene derecho a la libertad de pensamiento, de conciencia y de religión; este derecho incluye la libertad de cambiar de religión o de creencia, así como la libertad de manifestar su religión o su creencia, individual y colectivamente, tanto en público como en privado, por la enseñanza, la práctica, el culto y la observancia* (Declaración Universal de los derechos humanos, 1948), pero no solamente en dicha declaración se encuentra el carácter vinculatorio del derecho mexicano con la libertad de conciencia y de pensamiento de donde proviene la objeción de conciencia, también la encontramos en el Pacto Internacional de derechos civiles y políticos de 1966, *adoptado por la Organización de las Naciones Unidas en la ciudad de Nueva York, Estados Unidos de América, el 16 de diciembre de 1966, mismo que fue aprobado por el Senado de la República el 18 de diciembre de 1980, lo cual consta en el Diario Oficial de la Federación del 9 de enero de 1981.... Este Pacto contiene un Protocolo Facultativo, adoptado el 16 de diciembre de 1966, del que México es Parte* (Plascencia Villanueva & Pedraza López, 2011, pág. 71). Como se puede apreciar, con la aprobación por parte del Senado mexicano, no queda duda del carácter vinculatorio de nuestro sistema jurídico con el pacto que se señala, veamos entonces que nos dice su articulado, y es que precisamente en su artículo 8, numeral 3, letra c), inciso ii), se contiene expresamente la figura de la objeción de conciencia, y en el artículo 18 la idea general de libertad de pensamiento, de conciencia y de religión, los artículos señalan lo siguiente:

Artículo 8

...

c) No se considerarán como "trabajo forzoso u obligatorio", a los efectos de este párrafo: ...

ii) El servicio de carácter militar y, en los países donde se admite la exención por razones de conciencia, el servicio nacional que deben prestar conforme a la ley quienes se opongan al servicio militar por razones de conciencia.

Artículo 18

1. Toda persona tiene derecho a la libertad de pensamiento, de conciencia y de religión; este derecho incluye la libertad de tener o de adoptar la religión o las creencias de su elección, así como la libertad de manifestar su religión o sus creencias, individual o colectivamente, tanto en público como en privado, mediante el culto, la celebración de los ritos, las prácticas y la enseñanza.

2. Nadie será objeto de medidas coercitivas que puedan menoscabar su libertad de tener o de adoptar la religión o las creencias de su elección.

3. La libertad de manifestar la propia religión o las propias creencias estará sujeta únicamente a las limitaciones prescritas por la ley que sean necesarias para proteger la seguridad, el orden, la salud o la moral públicos, o los derechos y libertades fundamentales de los demás.

4. Los Estados Partes en el presente Pacto se comprometen a respetar la libertad de los padres y, en su caso, de los tutores legales, para garantizar que los hijos reciban la educación religiosa y moral que esté de acuerdo con sus propias convicciones (Pacto Internacional de Derechos Civiles y Políticos, 1966).

Por si los dos instrumentos señalados no fueran suficientes, debemos considerar también, que a México de igual manera le aplica las disposiciones de la Convención Americana sobre Derechos Humanos, instrumento internacional adoptado en la ciudad de San José, Costa Rica, el 22 de noviembre de 1969; *el mismo fue aprobado por el Senado de la República el 18 de diciembre de 1980, lo cual consta en el Diario Oficial de la Federación del 9 de enero de 1981. Dicho instrumento entró en vigor en el ámbito internacional el 18 de julio de 1978, pero para el Estado mexicano no fue sino hasta el 24 de marzo de 1981, previa su adhesión en esa misma fecha y su promulgación en el Diario Oficial de la Federación el 7 de mayo de 1981* (Plascencia Villanueva & Pedraza López, 2011, pág. 131). En el articulado de dicho instrumento, podemos encontrar expresamente el derecho a la libertad de conciencia y de religión, ya que en su artículo 12 se señala:

Artículo 12

Libertad de Conciencia y de Religión

1. Toda persona tiene derecho a la libertad de conciencia y de religión. Este derecho implica la libertad de conservar su religión o sus creencias, o de cambiar de religión o de creencias, así como la libertad de profesar y divulgar su religión o sus creencias, individual o colectivamente, tanto en público como en privado.

2. Nadie puede ser objeto de medidas restrictivas que puedan menoscabar la libertad de conservar su religión o sus creencias o de cambiar de religión o de creencias.

3. La libertad de manifestar la propia religión y las propias creencias está sujeta únicamente a las limitaciones prescritas por la ley y que sean necesarias para proteger la seguridad, el orden, la salud o la moral públicos o los derechos o libertades de los demás.

4. Los padres, y en su caso los tutores tienen derecho a que sus hijos o pupilos reciban la educación religiosa y moral que esté de acuerdo con sus propias convicciones (Convención Americana sobre Derechos Humanos (Pacto de San José), 1969).

Además de los tres instrumentos reseñados, México también es parte de la Convención Internacional sobre la Eliminación de Todas las Formas de Discriminación Racial, instrumento internacional que fue adoptado por la Organización de las Naciones Unidas en la ciudad de Nueva York, el 7 de marzo de 1966, *mismo que fue aprobado por el Senado de la República el 6 de diciembre de 1973, lo cual consta en el Diario Oficial de la Federación del 27 de mayo de 1974. Dicho instrumento entró en vigor en el ámbito internacional el 4 de enero de 1969, pero para el Estado mexicano no fue sino hasta el 20 de marzo de 1975, previa su ratificación el 20 de febrero de 1975 y su promulgación en el Diario Oficial de la Federación, el 13 de junio de 1975* (Plascencia Villanueva & Pedraza López, 2011, pág. 417). En dicho documento en su artículo 5 se señala el derecho a la libertad de pensamiento, de conciencia y de religión:

Artículo 5

En conformidad con las obligaciones fundamentales estipuladas en el artículo 2 de la presente Convención, los Estados partes se comprometen a prohibir y eliminar la discriminación racial en todas sus formas y a garantizar el derecho de toda persona a la igualdad ante la ley, sin distinción de raza, color u origen nacional o étnico, particularmente en el goce de los derechos siguientes:

... d) Otros derechos civiles, en particular:

... vii) E l derecho a la libertad de pensamiento, de conciencia y de religión; (Convención Internacional sobre la Eliminación de Todas las Formas de Discriminación Racial, 1965).

Como podemos apreciar, existen al menos cuatro instrumentos internacionales que vinculan al Estado Mexicano con la libertad de pensamiento, conciencia y religión, dichos instrumento son obligatorios no solo por ser un país firmante de los acuerdos, sino que además, han sido debidamente ratificados por el Senado, y en consecuencia forman parte de las normas supremas de la Nación, ya que no debemos olvidar que atentos a lo dispuesto en el artículo 133 de la Constitución Mexicana, tanto la Constitución, las leyes del Congreso, así como los tratados aprobados por el Senado constituyen las normas supremas del País, pero además los tratados, convenciones, actas o cualquier otra denominación que se ocupe[72], se ubican jerárquicamente por encima de las leyes generales federales y locales, en la medida en que el Estado Mexicano los suscribió de conformidad *con lo dispuesto en la Convención de Viena Sobre el Derecho de los **Tratados** entre los Estados y Organizaciones **Internacionales** o entre Organizaciones **Internacionales** y, además, atendiendo al principio fundamental de derecho internacional consuetudinario "pacta sunt servanda", contrae libremente obligaciones frente a la comunidad internacional que no pueden ser desconocidas invocando normas de derecho interno y cuyo incumplimiento supone, por lo demás, una responsabilidad de carácter internacional* (Tratados Internacionales, Son parte integrante de la Ley Suprema de la Unión y se ubican jerárquicamente por encima de las leyes generales, Federales y Locales. Interpretación del artículo 133 Constitucional., 2007).

---

[72] La Suprema Corte de Justicia de la Nación, en la Tesis de jurisprudencia 10/2007. Aprobada por la Segunda Sala, en sesión del treinta y uno de enero de dos mil siete, determinó que por *"tratado" se entiende el acuerdo celebrado por escrito entre uno o varios Estados y una o varias organizaciones internacionales, o entre organizaciones internacionales, ya conste ese acuerdo en un instrumento único o en varios conexos, cualquiera que sea su **denominación** particular, de lo que resulta que la noción de tratado es puramente formal siempre que su contenido sea acorde con su objeto y finalidad, pues desde el punto de vista de su carácter obligatorio los compromisos internacionales pueden denominarse **tratados**, convenciones, declaraciones, acuerdos, protocolos o cambio de notas* (9a. Época; 2a. Sala; S.J.F. y su Gaceta; Tomo XXV, Febrero de 2007; Pág. 738, 2007).

Pero si además de lo anterior, consideramos que el artículo 24 Constitucional, garantiza la libertad de cultos y que la primera de las garantías constitucionales establece un principio de protección muy amplio remitiendo también a los tratados internacionales, como podemos apreciar en el texto que se transcribe:

Artículo 1o. En los Estados Unidos Mexicanos todas las personas gozarán de los derechos humanos reconocidos en esta Constitución y en los tratados internacionales de los que el Estado Mexicano sea parte, así como de las garantías para su protección, cuyo ejercicio no podrá restringirse ni suspenderse, salvo en los casos y bajo las condiciones que esta Constitución establece.

Las normas relativas a los derechos humanos se interpretarán de conformidad con esta Constitución y con los tratados internacionales de la materia favoreciendo en todo tiempo a las personas la protección más amplia (CONSTITUCION POLITICA DE LOS ESTADOS UNIDOS MEXICANOS QUE REFORMA LA DE 5 DE FEBRERO DE 1857, 2013).

Se garantiza entonces, en el marco de la Constitución, la aplicación como norma suprema de todos aquellos tratados internaciones en el que debe desenvolverse la libertad de pensamiento y conciencia, ya que tanto jueces como autoridades administrativas, deberán sujetarse a sus disposiciones garantizando la más amplia aplicación de las libertades humanas y en consecuencia, tenemos el principio que le permite nacer a la vida jurídica a la objeción de conciencia, por lo que si bien una reforma a la Constitución sería posible y altamente recomendable para establecer expresamente dicha figura jurídica, realmente no es necesaria ya que se cuenta con el marco que establece los principios para reconocerla y aplicarla, en la interpretación armónica de los valores que se protegen en la Constitución como garantías individuales, y que como hemos visto en los ejemplos de Estados Unidos, España y la Universidad Veracruzana, basta la interpretación más amplia para hacerlos extensivos y aplicables.

Solamente faltaría eliminar el obstáculo que plantea el artículo 130 constitucional, inciso e) que establece lo siguiente: *...Tampoco podrán en reunión pública, en actos del culto o de propaganda religiosa, ni en publicaciones de carácter religioso, oponerse a las leyes del país o a sus instituciones, ni agraviar, de cualquier forma, los símbolos patrios*[73] (CONSTITUCION POLITICA DE LOS ESTADOS UNIDOS MEXICANOS QUE REFORMA LA DE 5 DE FEBRERO DE 1857, 2013), porque en esencia es incongruente con los valores de libre pensamiento que la propia constitución protege.

---

[73] Énfasis añadido.

VI.   La Ley de objeción de conciencia.

Si bien, como analizamos en el apartado anterior, una reforma constitucional sería recomendable no resulta indispensable, ya que contamos con otros instrumentos internacionales que nos remiten a la libertad de pensamiento y conciencia, de donde procede el tema de la objeción de conciencia, amén de que la Constitución ya protege de forma genérica todos los derechos humanos, pero en contraste, sí será necesario una ley que regule a dicha figura jurídica, en primer lugar porque implica una condición de exención extraordinaria a ciertas obligaciones normativas, no pudiendo quedar a la discrecionalidad de nadie cuales obligaciones deben ser limitadas, tanto para evitar su abuso por parte de las autoridades como por parte de los ciudadanos; pero además se requieren reglas claras que hagan aplicable el principio; Dora Sierra sin embargo, considera que tampoco es necesaria la creación de una ley: ... *podría pensarse que si no está contemplado en la ley secundaria, no procede la objeción de conciencia, lo cual es un error, puesto que la ley simplemente sirve para brindar una mejor tutela a la objeción de conciencia* (Sierra Madero, 2012, pág. 207), aunque en principio comparto su opinión, ya que la propia Constitución establece en el artículo 133 tal premisa al indicar: ... *Los jueces de cada Estado se arreglarán a dicha Constitución, leyes y tratados, a pesar de las disposiciones en contrario que pueda haber en las Constituciones o leyes de los Estados* (CONSTITUCION POLITICA DE LOS ESTADOS UNIDOS MEXICANOS QUE REFORMA LA DE 5 DE FEBRERO DE 1857, 2013), sin embargo quedaría tal garantía sin los procedimientos adecuados para pedirla, otorgarla, impugnarla si fuera necesario y además, sujeta a las interpretaciones muchas veces caprichosas de quienes están obligados a impartir justicia, como en los casos que analizamos donde el poder judicial falla en contra de menores, por lo que lo más recomendable es que sí exista la norma secundaria dejando en claro los alcances, formas de aplicación, medios para recurrirla, entre otros. Al respecto el jurista italiano Luigi Ferrajoli, señala que: *Todos los derechos fundamentales, de hecho, requieren una legislación que los haga aplicables. Incluso el derecho a la vida y a la integridad personal no estaría garantizado si no estuviera previsto el delito de homicidio (garantía primaria) y su correlativa sanción (garantía secundaria). Esta legislación de actuación es competencia de la política. Representa, por así decirlo, su función más alta y legitimante* (Ferrajoli, 2009) . La norma que regule la objeción de conciencia es necesaria, ya que del surgimiento de la misma, depende el ejercicio sustancial de los derechos que se protegen con la libertad de conciencia, pensamiento y religión, asimismo evitaría que se convierta en un coadyuvante de la ilegalidad para eludir obligaciones, y debe también limitar su aplicación para evitar el daños a terceros, a la salud pública e imponiendo condiciones de tal forma que en verdad proteja a los genuinos objetores.

No pretendo en este trabajo proponer una ley de objeción de conciencia, ya que tal labor implica una reflexión profunda de todos los grupos que conforman la sociedad, así como de las autoridades que deben otorgarla, por lo que tan solo me limitaré a señalar lo que a mi juicio serían las ideas centrales que debe contener.

1.- El profundo respeto a los motivos: éticos, morales, religiosos, filosóficos, de honor, dignidad y de cualquier índole, que impidan a los objetores cumplir con una obligación normativa, cuando cae en los supuestos que la norma regula. Reconociendo que cada individuo tiene sus propios valores, y que la personalidad y la conciencia cobran especial importancia, cuando los contenidos de la norma no contiene la vinculación de los fenómenos que nos parecen justos, reconociendo siempre que ello sea posible, la exención del cumplimiento normativo.

2.- Los mecanismos que permitan determinar que la objeción que se plantea es genuina y personal. Debe por lo tanto, existir una firme convicción en cuanto a la oposición que se pretende, ya que como he señalado, en la figura jurídica de la objeción de conciencia, se rompe el paradigma normal del derecho y se debe analizar también el aspecto volitivo que lleva al objetor a la oposición a la norma, tratando de determinar con cierto grado de veracidad, las intenciones y la sinceridad del objetor, permitiendo conocer los signos externos que nos hagan suponer que no nos encontramos ante un caso de fraude y por el contrario, exista la firma convicción de las creencias que lo hagan merecedor a ser considerado un objetor. Se puede copiar el modelo de los Estados Unidos, para que el solicitante de una objeción comparezca ante una junta para explicar sus creencias y presentar evidencias en las que se fundamente su reclamo. Otro modelo que podría ser útil es el de España, donde de acuerdo a la Ley que regula la objeción de conciencia, las solicitudes de reconocimiento de la condición de objetor, son dirigidas a un Consejo Nacional de Objeción de Conciencia (Ley 22/1998, de 6 de julio, reguladora de la Objeción de Conciencia y de la Prestación Social Sustitutoria, 1998), el cual debe analizar y resolver en un término de tres meses. Creo que la Secretaría de Gobernación en México, ya que regula a las asociaciones religiosas, podría incorporar tales funciones, invitando a representantes de la sociedad a efecto de que coadyuven en la determinación del carácter de objetor de los solicitantes. Para hacerlo más ágil y permitir una cobertura nacional (sin menoscabo de la representación en los Estados y convenios de colaboración entre la federación y los Estados), se podría incorporar a los trámites electrónicos que ya realiza dicha dependencia por conducto de la sección que atiende a las asociaciones religiosas, no porque sean el único tipo de objetores, pero debemos de reconocer que sí constituye el grupo más amplio (Dirección General de Asociaciones Religiosas. Trámites electrónicos, 2010).

3.- Los mecanismos que permitan incorporar el debido proceso para ser declarados objetores. Que debe incluir por supuesto, la suspensión provisional de las obligaciones objetadas, en tanto se resuelve en definitiva el fondo del asunto, en la propuesta planteada la Dirección General de Asociaciones Religiosas de la Secretaría de Gobernación, funcionaría como la autoridad administrativa que conozca en primera instancia de la solicitud de objetor. Pero debe concederse además, los procedimientos para recurrir la decisión de dicha autoridad, ya que el proceso propuesto corresponde al de las autoridades administrativas, debe el Tribunal de Justicia Fiscal y Administrativa, conocer de las impugnaciones de dichas resoluciones, atentos a lo que dispone la ley de la materia y que también contiene el juicio en línea (Ley federal de procedimiento contencioso administrativo, 2011), quedando como última instancia el juicio de amparo, de tal manera que se agoten todas las instancias posibles, se garantice el deber constitucional de escuchar a los ciudadanos e impartir justicia, así como regular el procedimiento para suspender provisionalmente y en definitiva la aplicación de una norma objetada.

4.- Establecer los límites a la objeción de conciencia y un servicio sustitutorio, si fuera necesario. Ya que si bien la objeción de conciencia es un mecanismo que busca el respeto de las individualidades, sería peligroso que no tuviera límites, por ello, en todas las legislaciones se estipula que la objeción de conciencia debe mantener ciertos límites, entre ellos el principal, el respeto a la vida, pero también los derechos de terceros que se vean afectados, con el fin de no invadir la esfera jurídica de nuestros semejantes, ya que también el Estado debe resguarda sus derechos.

5.- Eliminar todas las disposiciones en contrario que puedan existir. La regla jurídica establece que las nuevas disposiciones derogan o abrogan tácitamente o expresamente a las normas anteriores, ya sea por la simple redacción en contrario o por los artículos transitorios, sin embargo ello no ocurre cuando el problema radica en la propia Constitución, por lo que debería modificarse el artículo 130 constitucional, inciso e) que establece lo siguiente: ...*Tampoco podrán en reunión pública, en actos del culto o de propaganda religiosa, ni en publicaciones de carácter religioso, oponerse a las leyes del país o a sus instituciones, ni agraviar, de cualquier forma, los símbolos patrios*[74] (CONSTITUCION POLITICA DE LOS ESTADOS UNIDOS MEXICANOS QUE REFORMA LA DE 5 DE FEBRERO DE 1857, 2013), por lo que debería eliminarse el párrafo que se señala, dada su incongruencia con los valores de libertad de pensamiento que la propia constitución protege. Pero además, para que no quede lugar a dudas, algunos artículos deben expresamente señalarse como derogados, entre ellos el segundo párrafo del artículo primero de la Ley de Asociaciones Religiosas y Culto Público, que de manera dogmatica afirma: *Las convicciones religiosas no eximen en ningún caso del cumplimiento de las leyes del país. Nadie podrá alegar motivos religiosos para evadir las responsabilidades y obligaciones prescritas en las leyes* (Ley de Asociaciones Religiosas y Culto Público, 2011), así como otros artículos que señalen incongruencias con el espíritu del libre pensamiento.

6.- Considerar un espíritu de tolerancia. En la pluralidad que aspiran todas las democracias modernas, es necesario

---

[74] Énfasis añadido.

conducirnos con total tolerancia, permitiendo el libre desarrollo de las personas con profundo respeto a nuestras diferencias. La tolerancia es necesaria no solamente para la objeción de conciencia, sino para navegar por el mar de la vida.

Creo que los seis puntos marcados generan la pauta necesaria para el trabajo legislativo, es posible que alguien más piense en otros y que los directamente involucrados tengan una idea más clara de la forma en que les afectan los actos de autoridad, por lo que es ampliamente recomendable que una comisión legislativa realice un trabajo de investigación al interior de los grupos religiosos, para conocer la forma en que se podría legislar mejor, de igual manera se debe invitar a los intelectuales y libres pensadores para aportar las ideas que permitan generar la ley de objeción de conciencia.

Otro camino podría ser modificar los procesos que ya se encuentran previstos en la ley federal para prevenir la discriminación, ya que en su capítulo V establece los procesos para evitar la discriminación, (Ley federal para prevenir y eliminar la discriminación, 2012), pero creo que la objeción de conciencia es una figura distinta a la discriminación y merece un trato por separado.

VII.   Conclusiones.

La objeción de conciencia no debe considerarse como un derecho general a la oposición de las normas, sino como un mecanismo meramente excepcional, ya que no pretende romper ni en todo ni en parte el ordenamiento jurídico, sino ofrecer un trato de excepción frente a un deber general (Murillo de la Cueva, 2008), el carácter excepcional de la figura jurídica, se da en función de solamente atender a los que sienten una genuina convicción en contra de la norma, ya que de otra manera se rompe el orden que el propio derecho protege. Pero tal excepción busca el desarrollo de todos los miembros de la sociedad, sobre todo de aquellos que no consideran justas a las leyes, lo cual no es una tarea fácil, ya que para definir el concepto de justicia debemos iniciar una reflexión que va cargada de un problema axiológico, derivado de la formación individual y grupal, ya que como sociedad se nos educa en ciertos valores, pero cada individuo tiene su propia interpretación de los mismos y en ocasiones nos separamos del pensamiento grupal para encontrar nuestra propia identidad, por lo que dar una definición de Justicia es tarea difícil, pero los invito a reflexionar en la definición clásica de Ulpiano[75], para el célebre jurista romano, *Iustitia est constans*

---

[75] Ulpiano, en lat. Domitius Ulpianus, Tiro – Roma 228, jurisconsulto romano.

et perpetua voluntas ius suum cuique tribuendi – la justicia es la voluntad firme y continuada de dar a cada quien lo suyo - (Bravo González & Bravo Valdés, 2007, pág. 23), este concepto que puede ser duramente criticado, lleva a mi juicio la posibilidad de reconocer una identidad distinta, que permita la no aplicación de una norma cuando se aparta de los valores de un grupo, así lo reconoció el Emperador Julio César (34), dando un sentido distinto a la aplicación de la ley al tomar en cuenta los elementos que se deben proteger y que los individuos consideran justos, privilegiándose la aplicación de principios de equidad por encima del contenido de las normas. Nelly Louzán señala, que para saber que era la *aequitas* o equidad en el Derecho Romano y comprender qué función cumplía, es necesario conocer su evolución histórica y el distinto significado en las diversas etapas Romanas. Durante la época Monárquica, al parecer la equidad no era importante, ya que el derecho positivo era aplicado e interpretado por los sacerdotes, por lo que en todo caso, dependía de la buena voluntad y juicio que tuvieran. Pero es en la era de la República cuando el concepto adquiere poder, principalmente desde la creación de las magistraturas sobre todo en la pretura, porque entonces comienza el crecimiento de las

---

Prefecto del pretorio en la época de Severo Alejandro, dejó escritos presentes en las compilaciones jurídicas de la época de Justiniano. Fuente: (Laurousse, S.A., 2011).

instituciones jurídicas, con la creación y formación del *ius gentium* y del *ius honorium* (Louzán de Solimano, 2011), en este periodo la equidad, era una manifestación de la justicia, ya que servía para mitigar los excesos que implica la aplicación absoluta de las reglas jurídicas. La diferencia entre equidad y justicia, es que la justicia tiende a realizar el orden social, prescrito y aceptado, designa así la conformidad de un acto con el Derecho positivo, no con un ideal supremo y abstracto de lo justo, la equidad en cambio, busca la realización de la igualdad social, se analiza las causas personales, para hacer del derecho algo equitativo. Para Sara Bialostosky, uno de los conceptos fundamentales del derecho Romano es precisamente la equidad, la *equitas,* ya que encierra la idea de otorgar igual protección a todos los que forman la sociedad, quizás sea el concepto más importante que permea a toda norma jurídica (Bialostosky, 2007, pág. 3), todo grupo social aspira precisamente a la protección igual que deben darnos las leyes, ese concepto de equidad lo hemos recibido del derecho romano y nos sirve de cimiento a la construcción de todo el andamiaje jurídico, el cual se establece en supuestos que son reflejo de los fenómenos sociales, algunos se aceptan otros se rechazan, pero todos están de una forma u otra contenidos en los diversos textos legales, aún los que no se mencionan porque la norma no solo prohíbe y permite, sino también tolera la aplicación de usos y costumbres como génesis del derecho, cuando no es contraria a las leyes y en algunos casos, cuando la sociedad acepta como válidos hechos contrarios a las leyes, las modificamos. Porque el derecho no es estático ni exacto, es producto de la sociedad y su evolución, por lo que se transforma en el tiempo y el espacio, admite nuevas formas de pensamiento y rechaza formas arcaicas que no respondan al albedrío humano y la racionalidad.

Debemos considerar entonces, que todos poseemos características que nos hacen distintos, tanto física, axiológica e intelectualmente, por lo que el término justicia varía en cada zona geográfica, cultural y a nivel individual, la Constitución Mexicana sí plantea la igualdad jurídica, pero en un sentido relativo y no absoluto, ya que las normas mexicanas y en general las de los países desarrollados plantean desigualdades, pero llevan el fin de compensar las propias desigualdades de los fenómenos sociales, por ello tenemos un especial cuidado al formular derechos a favor de los grupos más expuestos: los menores, los indígenas, los campesinos, las víctimas de un delito, las mujeres, y para todos aquellos que tengan una situación especial que deba ser regulada. Existen en nuestras leyes muchos ejemplos que ilustran lo anterior, verbigracia, las diferencias biológicas permiten que las mujeres gocen de prestaciones que los varones no podríamos gozar, estas son derivadas de la diferencia de género, el goce de una licencia de pre y post parto, un tiempo de lactancia, una jornada menor y condiciones distintas de trabajo durante el embarazo; otro ejemplo lo tenemos en el artículo 5° Constitucional que nos da libertad laboral, pero en beneficio de la propia sociedad, se exige que ciertas profesiones se ejerzan con un título, como en la medicina, excluyendo al resto que no ha cumplido tal exigencia; así, podríamos repasar el resto de las garantías individuales y comprobar que el principio de igualdad no es absoluto sino meramente relativo. Pero haciendo hincapié, que cuando nuestras leyes plantean desigualdades, lo hacen en beneficio de la sociedad o de los grupos más vulnerables de la misma, por ello sostengo que las desigualdades de las normas jurídicas están previstas para compensar otras desigualdades, asegurando el respeto a las diferencias, en los ejemplos que se señalan en las líneas que anteceden, queda claro como el derecho crea desigualdades en busca del equilibrio y no sólo entre los géneros, sino en cada caso que se requiera, porque es claro que no somos iguales, de otra manera no se entendería porque las normas otorgan privilegios a ciertos grupos, sirva para ilustrar lo anterior, pensar en la balanza o báscula, cuando se quiere pesar algo el objeto se coloca en el plato mientras que por el brazo, se desliza una pesa acercándola o alejándola hasta que equilibra; ese el sentido de justicia de la ley, dar a cada quien lo suyo, lo que la persona entiende como justo y el sistema jurídico, debe actuar como una balanza a efecto de compensar mayores pesos. Sin embargo, nuestra legislación no ha logrado compensar todas las diferencias y existen grupos que reclaman el reconocimiento de derechos, y se encuentran en la disyuntiva de obedecer una ley contraria a su ética o valores. Para Kelsen[76] *un orden jurídico sólo es válido si de una manera general los individuos a los cuales se dirige conforman sus conductas a las normas que lo constituyen. Sin duda no es necesario que estos individuos se conduzcan, en toda circunstancia y sin excepción, de la manera prescrita por las normas jurídicas, ya que siempre hay cierto desacuerdo entre la conducta de los hombres y las normas que la regulan. Mas un orden jurídico puede ser considerado eficaz cuando la amplitud de este desacuerdo no traspasa cierto límite. No hay, pues, identidad entre la validez y la eficacia de un orden jurídico* (Kelsen, 1960, págs. 41 - 42). Esos límites que deben permitirse entre el desacuerdo de las personas y la norma, que señala Kelsen, es el derecho de un ciudadano a disentir del contenido y aplicación del orden jurídico, no porque sea inconstitucional, es decir, no porque sea contraria a la norma superior de un Estado, sino como

---

[76] Hans Kelsen (1881-1973), jurista austriaco nacionalizado estadounidense. Fuente: Microsoft Encarta 2008.

el derecho a la propia identidad, para lograr que se exima de su cumplimiento a quien la objeta, alegando valores éticos o morales.

La lucha por lograr que todos los grupos, aún los minoritarios, sean respetados y representados, sigue siendo un tema actual, no podemos aceptar la tiranía de la mayoría y debemos abrirnos a todas las formas de pensamiento, logrando con ello, verdaderos espacios de libertad. En esa lucha por lograr el reconocimiento, el mundo aún tiene corta edad, porque no hemos alcanzado el pleno desarrollo de las igualdades, la apertura y aceptación de otras ideas nos permitirá crecer como grupo social y a la larga la pluralidad y la convivencia que ello genera, nos hará más civilizados.

Trabajos citados

A Century of Racial Segregation, 1849-1950. (s.f.). *The Library of Congress.* Recuperado el 24 de Enero de 2013, de http://www.loc.gov/exhibits/brown/brown-segregation.html

Affirmation. In Encyclopædia Britannica. (2013). Affirmation.

Alfa y Omega. (12 de Julio de 2001). La objeción de conciencia, derecho fundamental. *Alfa y Omega*(268), 07.

Ames, C. (2009). *Estudios interdisciplinarios de historia antigua. Volumen II* . Buenos Aires, Argentina: Editorial Brujas.

Amparán Hernández, F. J. (2008). *Historia moderna contemporánea I.* México: McGraw- Hill Interamericana.

Andrade González, J. J. (01 de Diciembre de 2011). Adventistas del séptimo día, imposibilidad para presentar examen en sábado. (C. Ruz Saldívar, Entrevistador)

Arrieta, J. I. (1998). Las objeciones de conciencia a la ley y las características de su estructura jurídica. En U. N. México, *Cuadernos del Instituto de Investigaciones Jurídicas. Objeción de conciencia* (págs. 27 - 55). Distrito Federal, México: Instituto de Investigaciones Jurídicas. Universidad Nacional Autónoma de México.

Asociación Catalana de Estudios Bioéticos. (2005). *Asociación Catalana de Estudios Bioéticos.* Recuperado el 14 de Noviembre de 2011, de ACEB: http://www.aceb.org/oc/oc.htm

Barranco Avilés, M. d. (2010). Derechos civiles y políticos de las mujeres. En M. T. Guajardo Villarreal, *Temas actuales de los Derechos Humanos* (págs. 17 - 33). Distrito Federal, México: Fundación Universitaria de Derecho, Administración y Política, S.C.

Beunza, P. (Abril de 1996). *Universitat De Valencia.* Recuperado el 01 de Febrero de 2013, de Charla en Valencia con motivo del 25 aniversario de su primer Consejo de Guerra: http://www.uv.es/~alminyan/beunza.html

Beunza, P. (2002). Pepe Beunza: charla en Valencia con motivo del 25 aniversario de su primer Consejo de Guerra (1996). En M. d. conciencia, *En legítima desobediencia: Tres décadas de objeción, insumisión y antimilitarismo*. Madrid, España: Movimiento de Objeción de Conciencia y Traficantes de Sueños.

Bialostosky, S. (2007). *Panorama del Derecho Romano* (Séptima ed.). Distrito Federal, México: Porrúa.

Bravo González, A., & Bravo Valdés, B. (2007). *Derecho Romano. Primer curso* (Vigésimo cuarta ed.). Distrito Federal, México: Porrúa.

Bright, J. (2003). *La historia de Israel: edición revisada y aumentada, con introducción y apéndice de William P. Brown*. Desclée de Brouwer.

Cannon, M. (Dirección). (2006). *Napoleón Monstruo de Acero (Napoleon Steel Monster - Engineering an Empire)* [Película]. Cine, Video y TV, S.A. de C.V.

Cantú, C. (2004). *Compendio de la Historia Universal*. Santa Fe, Argentina: El Cid Editor, S.A.

Carta de los derechos fundamentales de la Unión Europea. (18 de Diciembre de 2000). *Parlamento Europeo*. Recuperado el 08 de Enero de 2013, de Diario Oficial de las Comunidades Europeas: http://www.europarl.europa.eu/charter/pdf/text_es.pdf

Castro, J. V. (1996). *Garantías y Amparo* (Novena ed.). México: Editorial Porrúa.

Celador Angón, Ó. (2011). *Libertad de conciencia y Europa: un estudio sobre las tradiciones constitucionales comunes y el convenio europeo de derechos humanos*. Madrid, España: Dykinson, S.L.

Chadwick, J. R. (Sep/Oct 2005). Discovering Hebron. *Biblical Archaeology Review*, 24 - 33, 70 - 71.

Cisneros Farías, G. (2000). *Teoría del Derecho* (2a. Edición, primera reimpresión enero 2001 ed.). Distrito Federal, México: Trillas.

Código Civil para el Estado de Veracruz. (28 de Junio de 2012). *H. Congreso del Estado de Veracruz.* Obtenido de LXII Legislatura: http://www.legisver.gob.mx/leyes/LeyesPDF/CIVIL280612.pdf

Código penal para el Distrito Federal. (03 de Agosto de 2012). *Asamblea Legislativa del Distrito Federal.* Recuperado el 07 de Febrero de 2013, de http://www.aldf.gob.mx/codigos-107-4.html

Código Penal para el Estado libre y soberano de Veracruz. (21 de Diciembre de 2012). *H. Congreso del Estado de Veracruz.* Recuperado el 08 de Febrero de 2013, de http://www.legisver.gob.mx/leyes/LeyesPDF/PENAL211212.pdf

Cohen, S. J. (2011). Roman Domination: The Jewish Revolt and the Destruction of the Second Temple. En H. Shanks, *Anciente Israel: from Abraham to the Roman destruction of the Temple* (Tercera ed., págs. 287 - 323). Washington, DC / Upper Saddle River, NJ, USA: Prentice Hall PEARSON / Biblical Archaeology Society.

Cole, J., Kaplan, L. (Productores), Shapiro, J., Goldberg, B., & Bolado, C. (Dirección). (2006). *Promises (Promesas)* [Película]. Quality films.

Conscientious objection and alternative service. (30 de Abril de 2002). *Fast Facts.* Recuperado el 26 de Febrero de 2013, de http://www.sss.gov/FSconsobj.htm http://www.sss.gov/FactSheets/FSconsobj.pdf

Conscientious objector. (2013). conscientious objector. (2013). In Encyclopædia Britannica.

Constitución Española de 1978. (27 de Septiembre de 2011). *Agencia Estatal Boletín Oficial del Estado.* Recuperado el 14 de Enero de 2013, de Gobierno de España: http://www.boe.es/buscar/act.php?id=BOE-A-1978-31229

CONSTITUCION POLITICA DE LOS ESTADOS UNIDOS MEXICANOS QUE REFORMA LA DE 5 DE FEBRERO DE 1857. (26 de Febrero de 2013). *Normateca.* Recuperado el 28 de Febrero de 2013, de http://www.normateca.gob.mx/Archivos/66_D_3413_27-02-2013.pdf

Constitución Política del Estado de Veracruz de Ignacio de la Llave. (09 de Noviembre de 2012). *H. Congreso del Estado de Veracruz.* Recuperado el 21 de Febrero de 2013, de http://www.legisver.gob.mx/leyes/ConstitucionPDF/CONSTITU0 91112.pdf

Constitution of the United States of America. (10 de Enero de 2013). Constitution of the United States of America. (2013). In Encyclopædia Britannica . Encyclopaedia Britannica.

Convención Americana sobre Derechos Humanos (Pacto de San José). (07 al 22 de Noviembre de 1969). *Organización de los Estados Americanos.* Recuperado el 28 de Febrero de 2013, de Departamento de derecho Internacional: http://www.oas.org/dil/esp/tratados_B-32_Convencion_Americana_sobre_Derechos_Humanos.htm

Convención Internacional sobre la Eliminación de Todas las Formas de Discriminación Racial. (21 de Diciembre de 1965). *Oficina del Alto Comisionado de las Naciones Unidas para los Derechos Humanos.* Recuperado el 28 de Febrero de 2013, de U. N.: http://www2.ohchr.org/spanish/law/cerd.htm

Convenio Europeo para la protección de los Derechos Humanos y de las Libertades Fundamentales. (01 de Junio de 2010). *European Court of Human Rights.* Recuperado el 08 de Enero de 2013, de Cour Européenne des Droits de L´Homme: http://www.echr.coe.int/NR/rdonlyres/1101E77A-C8E1-493F-809D-800CBD20E595/0/ESP_CONV.pdf

Correas, Ó. (2004). *Teoría del derecho.* Distrito Federal, México: Distribuciones Fontamara, S.A.

Council of Europe. (2012). *Council of Europe*. Recuperado el 08 de Enero de 2013, de Treaty Office: http://www.conventions.coe.int/

Cuenca, A., & Grajeda, E. (28 de Abril de 2007). Evalúan si pueden obligar a médicos a practicar abortos. *El Universal*.

Declaración de los Derechos del Hombre y del Ciudadano. (1789 (1996)). Declaración de los Derechos del Hombre y del Ciudadano, 1789. *Órgano informativo de la Comisión de Derechos Humanos del Estado de México*(22).

Declaración Universal de los derechos humanos. (10 de Diciembre de 1948). *Naciones Unidas*. Recuperado el 07 de Enero de 2013, de http://www.un.org/es/documents/udhr/index_print.shtml

Diccionario Microsoft Encarta 2008. (2008). Eutanasia.

Dieterlen Struck, P. (1988). La objeción de conciencia. En I. d. Jurídicas.UNAM, *Objeción de conciencia* (págs. 187 - 205). Distrito Federal, México: Instituto de Investigaciones Jurídicas. Universidad Nacional Autónoma de México.

Dirección General de Asociaciones Religiosas. Trámites electrónicos. (2010). *Secretaría de Gobernación*. Recuperado el 05 de Marzo de 2013, de https://dgar-tramites.segob.gob.mx/index.php?do=Portada&f=portada

Dukhobor. In Encyclopædia Britannica. (2013). Dukhobor. In Encyclopædia Britannica.

Durnbaugh, D. F. (2000). *Church of the Brethren*. Recuperado el 15 de Enero de 2013, de http://www.brethren.org/bhla/documents/guide-to-reseach-in-brethren-history.pdf

Echeagaray, J. I. (2006). *Compendio de Historia General del derecho* (Cuarta edición ed.). D.F. México: Editorial Porrúa.

Eggers Brass, T., & Derendinger, F. (2010). *Historia I: los primeros hombres, los primeros estados, los distintos mundos.* (2 ed.). Buenos Aires, Argentina: Maipue.

Emergui, S. (07 de Julio de 2013). *El Mundo. es.* Recuperado el 21 de Julio de 2013, de El gobierno israelí aprueba la ley para el alistamiento de ultraortodoxos: http://www.elmundo.es/elmundo/2013/07/07/internacional/1 373199264.html

Exacta aplicación de la ley penal. Garantía, contenida en el tercer párrafo del artículo 14 de la Constitución federal, también obliga al legislador, Tesis: 1a./J. 10/2006 (Primera Sala de la Suprema Corte de Justicia (México) 01 de Marzo de 2006).

Ferrajoli, L. (2009). La esfera de lo indecidible y la división de poderes. *Red Estudios Constitucionales*, 01 - 09.

García Costa, F. (Noviembre de 2007). Los límites de la libertad religiosa en el derecho español. *Díkaion, Revista de fundamentación jurídica*(16), 195 -210.

García Máynez, E. (1995). *Introducción al estudio del derecho* (Cuadragesimoseptima ed.). Distrito Federal, México: Porrua.

García San Miguel, L., & Álvarez Gálvez, I. (2003). *Los fundamentos del derecho. (Penúltimos apuntes).* Madrid, España: DYKINSON, S.L.

García, M., & Villagrana Velázquez, E. (2007). Aborto: Controversia entre el Estado laico y la iglesia. Polarización de Ideologías. *El cotidiano, 22*(146), 13 - 20.

González Diaz Lombardo, F. X. (2006). *Compendio de historia del derecho y del estado.* Distrito Federal, México: LIMUSA, S. A. DE C.V.

Guastini, R. (2001). *Estudios de teoría constitucional.* D.F. México: Universidad Nacional Autónoma de México. INSTITUTO DE INVESTIGACIONES JURÍDICAS.

Holtzmann, O., & Oncken, G. (1918). *Historia Universal. Tomo octavo. El pueblo de Israel.* Barcelona, España: Montaner y Simón, Editores.

Instituto Mexicano del Seguro Social, solicitud de información 0064100661313. (2013). *Expediente RDA 1438/13.* Solicitud de información, Instituto federal de acceso a la información y protección de datos, D.F. México.

Islas de González Mariscal, O., & Carbonell, M. (2007). *El artículo 22 constitucional y las penas en el Estado de derecho* (Primera edición ed.). (M. García Castillo, Ed.) D.F. México: Universidad Nacional Autónoma de México.

Jewish Virtual Library. (2000). *Chanukah.* Recuperado el 15 de Feb. de 2012, de de http://www.jewishvirtuallibrary.org/jsource/Judaism/holiday7. html

Kaplan, M. (2011). *Boletín Mexicano de Derecho Comparado.* Recuperado el 01 de 07 de 2011, de número 98: http://www.juridicas.unam.mx/publica/rev/boletin/cont/98/art /art5.htm

Kelsen, H. (1960). *Teoría pura del derecho. Título de la edición francesa: Theórie pure du droit, Introduction a la science du droit* (4a edición, 9a reimpresión abril 2009 ed.). (M. Nilve, Trad.) Buenos Aires, Argentina: EUDEBA. Editorial Universitaria de Buenos Aires Sociedad de Economía Mixta.

La Biblia Reina - Valera. (1960). *La Biblia. Antigua versión de Casidoro de Reina (1569), revisada por Cipriano de Valera.* Sociedades Bíblicas en América Latina.

La Redacción de la revista Proceso. (14 de Febrero de 2012). *No, a candidatos que promuevan el aborto y las uniones gays, arenga la Iglesia Católica.* Recuperado el 08 de Febrero de 2013, de Proceso: http://www.proceso.com.mx/?p=298278

Lamas, M. (29 de Abril de 2012). Un balance del ILE. *Proceso, Semanario de información y análisis*(1852), 48 - 49.

Laor, D. (15 de Febrero de 2010). Traducción "Naasé Venishma". (C. Ruz Saldívar, Entrevistador)

Laurousse, S.A. (2011). *El Pequeño Larousse Ilustrado.* México, D.F.: Ediciones Larousse, S. A. de C.V.

Levine, L. I. (2011). The Age of Hellenism. En H. (. Shanks, *Ancient Israel: from Abraham to the Roman destruction of the Temple* (Tercera ed., págs. 237 - 285). Washington, DC / Upper Saddle River, NJ, USA: Biblical Archaeology Society / Prentice Hall PEARSON.

Ley 22/1998, de 6 de julio, reguladora de la Objeción de Conciencia y de la Prestación Social Sustitutoria. (07 de Julio de 1998). *Gobierno de España.* Recuperado el 05 de Marzo de 2013, de Agencia Estatal Boletín Oficial del Estado: http://www.boe.es/buscar/pdf/1998/BOE-A-1998-16132-consolidado.pdf

Ley de Asociaciones Religiosas y Culto Público. (25 de May. de 2011). *Normateca.* Recuperado el 29 de Nov. de 2011, de http://www.normateca.gob.mx///Archivos/50_D_2734_20-07-2011.pdf

Ley de Salud del Distrito Federal. (17 de Septiembre de 2009). *Asamblea legislativa del Distrito Federal, V Legislatura.* Recuperado el 12 de Febrero de 2013, de http://www.aldf.gob.mx/leyes-107-2.html

Ley de voluntad anticipada para el Distrito Federal. (07 de Enero de 2008). *Asamblea legislativa del Distrito Federal.* Recuperado el 12 de Febrero de 2013, de http://www.aldf.gob.mx/leyes-107-2.html

Ley federal de procedimiento contencioso administrativo. (28 de Enero de 2011). *Tribunal Federal de Justicia Fiscal y Administrativa.* Recuperado el 05 de Marzo de 2013, de

http://www.tfjfa.gob.mx/images/pdf/unidad_de_enlace/marco
/LFPCA_28ene2011.pdf

Ley federal para prevenir y eliminar la discriminación. (09 de Abril de 2012). *Normateca.* Recuperado el 26 de Nov. de 2011, de http://www.normateca.gob.mx/Archivos/66_D_3123_09-05-2012.pdf

Ley Orgánica de la Universidad Veracruzana. (28 de Diciembre de 1996). *Universidad Veracruzana.* Recuperado el 19 de Febrero de 2013, de http://www.uv.mx/legislacion/files/2012/12/Ley-Organica.pdf

Ley sobre el Escudo, la Bandera y el Himno Nacionales. (17 de Enero de 2012). *Normateca.* Recuperado el 13 de Febrero de 2013, de http://www.normateca.gob.mx/Archivos/66_D_2974_01-02-2012.pdf

López Guzmán, J. (2011). *¿Qué es la objeción de conciencia?* (Primera edición ed.). Barañain, Navarra, España: Ediciones Universidad de Navarra, S.A. (EUNSA).

Louzán de Solimano, N. D. (2011). *USAL Universidad del Salvador.* Recuperado el 05 de Octubre de 2011, de Facultad de Ciencias Jurídicas. Aequitas Virtual: http://www.salvador.edu.ar/juri/aequitasNE/nrouno/LA%20AEQUITAS.pdf

Maquiavelo, N. (2009). *El príncipe.* D.F. México: Ediciones Leyenda, S.A. de C.V.

Margadant S., G. F. (1995). *El Derecho Privado Romano. Como introducción a la cultura jurídica contemporánea* (Vigésima primera edición ed.). Naucalpan, Estado de México, México: Esfinge, S. A. de C.V.

Margadant, G. F. (2007). *Panorama de la Historia Universal del Derecho* (Séptima edición 2000, 4a reimpresión febrero 2007. ed.). (M. Á. Porrúa, Ed.) Distrito Federal, México: Grupo Editorial Miguel Ángel Porrúa, S. A. de C.V.

Martínez Roldán, L., & Fernández Suárez, J. A. (2005). *Curso de teoría del derecho*. Barcelona, España: Ariel.

Mc Carter, K. (2011). The Patriarchal Age. Abraham, Isaac and Jacob. En H. Shanks (Ed.), *Ancient Israel. From Abraham to the Roman destruction of the Temple* (3rd ed., págs. 01 - 34). Upper Saddle River, NJ / Washington, D. C., U.S.A.: Prentice Hall / Biblical Archaeology Society.

Meyers, E. M., & Burt, S. (. (2011). Exile and Return: From the Babylonian Destruction to the Beginnings of Hellenism. En H. (. Shanks, *Ancient Israel: from Abraham to the Roman destruction of the Temple* (págs. 209 - 236). Washington, D.C./ Upper Saddle River, NJ: Prentice Hall PEARSON / Biblical Archaeology Society.

Microsof Encarta 2008. 1993 - 2007. (2008). Semitas.Hebreo.Tell el - Amarna.Judíos.Amenofis III.Ajnatón.Josefo.Hicsos.William Matthew Flinders Petrie.Clan.Cortés.Yaqui.Sudán.Thíra.Sumbawa.Canal de Suez.Astarté.Falashas.Inscripción de Behistún.Lengua hebrea.Grecia.Ester.Alejandro Magno.Cruzada. (2008). (M. Corporation, Ed.) Microsoft Encarta.

Mondragón Reyes, S. (2005). Discriminación por libertad de creencias religiosas : análisis de un caso práctico. *Revista del Instituto de la Judicatura Federal*(19), 159 - 193.

Montero Zendejas, D. (s.f.). *Jurídicas UNAM*. Recuperado el 01 de 07 de 2011, de VIII Congreso mundial de la asociación internacional de derecho constitucional: http://www.juridicas.unam.mx/wccl/ponencias/2/343.pdf

Moto Salazar, E. (1983). *Elementos de Derecho* (Vigésimo novena ed.). Distrito Federal, México: Porrua.

Murillo de la Cueva, P. L. (2008). Objeción de conciencia y desobediencia civil. En L. (. Prieto Sanchís, *Actas de los seminarios sobre Objeción de Conciencia y Desobediencia Civil* (págs. 15 - 26). Madrid, España: Fundación Ciudadanía y Valores.

Muse Generch, J. C. (s.f.). *Consejos de derecho.* Recuperado el 26 de Nov. de 2011, de La objeción de conciencia: http://www.consejosdederecho.com.ar/14.htm

Nuevo, P. (2004). Pluralismo y bien común en el derecho constitucional. *Díkaion, Revista de fundamentación jurídicoa*(13), 43 - 81.

Oath in Encyclopaedia Britannica. (2013). Oath.

Oliver Olmo, P. (2009). Los iniciadores del movimiento de objetores de conciencia (1971-1977). En M. (. Ortiz Heras, *Culturas políticas del nacionalismo español. Del franquismo a la transición* (págs. 219-243). Madrid, España: La Catarata.

Onetto, F. (2009). *Con los valores ¿quién se anima?* Argentina: El Cid Editor.

Pacto Internacional de Derechos Civiles y Políticos. (16 de Diciembre de 1966). *Oficina del alto comisionado de las Naciones Unidas para los derechos humanos.* Obtenido de U. N.: http://www2.ohchr.org/spanish/law/ccpr.htm

Palomino Lozano, R. (2002). Las objeciones de conciencia en el Derecho norteamericano. *Tesis doctoral.* Madrid, España: Universidad Complutense de Madrid. Facultad de derecho.

Pérez del Valle, C. (2008). *Estudios sobre los fundamentos del derecho penal.* España: Editorial Dykinson.

Pérez García, A. M., & Bermúdez, J. (2011). Introducción al estudio de la personalidad: Unidades de análisis. En J. Bermúdez Moreno, A. M. Pérez García, J. A. Ruiz Caballero, P. Sanjuán Suárez, & B. Rueda Laffond, *Psicología de la personalidad* (págs. 25 - 68). Madrid, España: UNED - Universidad Nacional de Educación a Distancia.

Plascencia Villanueva, R. (., & Pedraza López, Á. (. (2011). *Compendio de Instrumentos Internacionales de Derechos Humanos (Tomo I)* (Primera edición, diciembre 2011 ed.). D.F. México: Comisión Nacional de los Derechos Humanos.

Prieto Sanchís, L. (Abril 2008). Las objecciones de conciencia. En L. (. Prieto Sanchís, *Actas de los seminarios sobre Objeción de Conciencia y Desobediencia Civil* (págs. 03 - 09). Madrid, España: Fundación Ciudadanía y Valores.

Profesionales por la Ética. (Octubre de 2006). Educación para los ciudadanos: los padres elegimos. Madrid, España. Obtenido de Educación.

Profesionales por la Ética. (2009). *¡NI UN PASO ATRÁS! La batalla de los padres frente a Educación para la Ciudadanía.* Madrid, España: Criteria Club de Lectores, S. L.

Proyecto de decreto por el que se reforma el artículo 4° de la ley federal para prevenir y eliminar la discriminación. (03 de Abril de 2013). *Cámara de senadores.* Recuperado el 05 de Junio de 2013, de http://www.senado.gob.mx/sgsp/gaceta/62/1/2013-04-30-1/assets/documentos/Ley_Discriminacion-art4.pdf

Rabasa, E. (2003). *Las Constituciones de Canadá, los Estados Unidos de América y México. Estudio comparativo. Sus orígenes, evolución, principios fundamentales y jerarquía con los tratados. Los textos positivos.* Distrito Federal, México: Porrúa.

Rabasa, E. O. (1991). *El pensamiento político del Constituyente de 1856 - 1857.* Distrito Federal, México: Porrúa.

Recasens Siches, L. (2006). *Tratado general de filosofia del derecho* (Decimoctava ed.). Distrito Federal, México: Porrúa.

Recurso de amparo 101-1990, SENTENCIA 214/1991 (Sala Primera. Tribunal Constitucional de España 11 de Noviembre de 1991).

Recurso previo de inconstitucionalidad 800/1983, SENTENCIA 53/1985 (Tribunal Constitucional de España 11 de Abril de 1985).

REGLAMENTO de la Ley de Asociaciones Religiosas y Culto Público. (03 de Nov. de 2003). *Normateca.* Recuperado el 29 de Nov. de 2011, de Diario Oficial de la Federación: http://www.normateca.gob.mx///Archivos/REGLAMENTO%20D

E%20LA%20LEY%20DE%20ASOCIACIONES%20RELIGIOSAS%20Y
%20CULTO%20PUBLICO.PDF

Reglamento de la Ley de salud del Distrito Federal. (07 de Julio de 2011). Recuperado el 12 de Febrero de 2013, de http://www.aldf.gob.mx/leyes-107-2.html

Reglamento de la Ley de voluntad anticipada para el Distrito Federal. (04 de Abril de 2008). Recuperado el 12 de Febrero de 2013, de http://www.aldf.gob.mx/leyes-107-2.html

Robles Mayoral, A. (s.f.). *Casa de la Paz.* Recuperado el 27 de Nov. de 2011, de HISTORIA DE LA OBJECIÓN DE CONCIENCIA:: http://www.lacasadelapaz.org/ant/moc/historia.htm

Rodriguez, C., Jacobs, E. J., Patel, A. V., Calle, E. E., Feigelson, H. S., Fakhrabadi-Shokoohi, D., & Thun, M. J. (01 de 04 de 2002). Jewish ethnicity and prostate cancer mortality in two large US cohorts. *Cancer Causes and Control, 13*(3), 271 - 277.

Rojas Amandi, V. M. (2000). *Filosofía del derecho* (Primera, sexta reimpresión septiembre 2006 ed.). Distrito Federal, México: Oxford.

Rojas, R. (Octubre de 1990). El orden jurídico espontáneo. *Libertas*(13), 1 - 36.

Rollston, C. A. (May/Jun 2012). What's the Oldest Hebrew Inscription? (H. Shanks, Ed.) *Biblical Archaeology Review*, 32-40, 66, 68.

Rousseau, J. J. (1988). *El contrato social o Principios de derecho político.* (M. J. Villaverde, Trad.) Madrid, España: Tecnos.

Ruz Saldívar, C. (2012). *Violencia familiar, una reparación integral. Propuesta para México.* Saarbrücken, Alemania, Alemania: Editorial Académica Española.

Ruz Saldívar, C. (Julio 2012). El legado del antiguo Israel. *Revista de Claseshistoria. Publicación digital de Historia y Ciencias Sociales.*

Ruz Saldívar, C. (Junio 2010). El Estado moderno de Israel. *Revista de Claseshistoria. Publicación digital de Historia y Ciencias Sociales.*

Ruz Saldívar, C. (Septiembre - Noviembre 2010). Israel, la base del derecho penal occidental. *Carpe Diem*(Año 2, número 5), 13.

Salazar Ugarte, P. (s.f.). *Biblioteca jurídica virtual del Instituto de Investigación Jurídica de la U.N.A.M.* Recuperado el 06 de 07 de 2011, de www.juridicas.unam.mx: http://www.bibliojuridica.org/libros/6/2873/19.pdf

Sanadjian, M. (2011). Islamic rule and the pre-Islamic blessing, the "homecoming" of the Cyrus Cylinder. *Dialectical Anthropology, 35*(4), 459 - 474.

Santos González, D. (10 de Diciembre de 2004). Reconocimiento legal a la objeción de conciencia del ciudadano común en México. Cholula, Puebla, México: Colección de tesis digitales. Universidad de las Américas Puebla.

Selective Service Acts. (2013). Selective Service Acts. (2013). In Encyclopædia Britannica.

Serra Rojas, A. (2005). *Ciencia Política* (20ª ed. ed.). D.F. México: Editorial Porrúa.

Serra Rojas, A. (2005). *Ciencia Política. La proyección actual de la Teoría General del Estado* (Vigésima Edición ed.). México: Editorial Porrúa.

Shakhak, G. (Septiembre de 2004). *Oficina Económica y Comercial de la Embajada de España en Tel Aviv.* Obtenido de NOCIONES SOBRE KASHRUT: http://www.koshercolombia.org/pdf_folder/Manual_Practico_ Kashrut.pdf

Shanks, H. (Jul/Aug de Jul/Aug 2011). The Bible as a source of testable hypotheses. *Biblical Archaeology Review.*

Sierra Madero, D. M. (2012). *La objeción de conciencia en México. Bases para un adecuado marco jurídico* (Primera edición: 30 de marzo de 2012 ed.). D.F. México: Universidad Nacional Autónoma de México. INSTITUTO DE INVESTIGACIONES JURÍDICAS.

Soberanes Fernández, J. L. (Enero - Abril de 1995). PALOMINO, Rafael, Las objeciones de conciencia. *Boletín Mexicano de Derecho Comparado*(82).

Sobre el caso del recurso de impugnación de los menores testigos de Jehová en Morelia, Michoacán, RECOMENDACIÓN 7/2003 (Comisión Nacional de los Derechos Humanos 26 de febrero de 2003).

Sófocles. (2009). *Antígona* (Tercera edición, 1era reimp. ed.). (I. Granero, Trad.) Buenos Aires, Argentina: EUDEBA.

Suplencia de la queja en materia laboral a favor del trabajador. Opera aun ante la ausencia total de conceptos de violación o agravios, Tesis: 2a./J. 39/95 (Segunda Sala de la Suprema Corte de Justicia (México) 02 de Agosto de 1995).

Suprema Corte de Justicia de la Nación. (17 de Febrero de 2000). *Suprema Corte de Justicia de la Nación.* Recuperado el 07 de Octubre de 2011, de IUS: http://200.38.163.161/UnaTesisInkTmp.asp?nIus=192320&cPal Prm=MAGISTRADOS,DEL,TRIBUNAL,SUPERIOR,DE,JUSTICIA,DE,Z ACATECAS,&cFrPrm=

Telediario. (11 de Julio de 2012). Los médicos de la Comunidad Valenciana se apuntan a la objeción de conciencia sanitaria. *Los médicos de la Comunidad Valenciana se apuntan a la objeción de conciencia sanitaria.* España.

Thoreau, H. D. (1849). *Desobediencia Civil.* Recuperado el 23 de Enero de 2013, de The Thoreau Reader. The Thoreau Reader: http://thoreau.eserver.org/spanishcivil.html

Trabajadores al servicio del Estado. Es justificado el cese de un profesor que se abstiene de rendir honores a la bandera nacional y entonar el himno nacional, Tesis: 4a./J. 41/94. Jurisprudencia (Cuarta Sala de la Suprema Corte de Justicia de la Nación 03 de Octubre de 1994).

Tratados Internacionales, Son parte integrante de la Ley Suprema de la Unión y se ubican jerárquicamente por encima de las leyes generales, Federales y Locales. Interpretación del artículo 133 Constitucional., Tesis: P. IX/2007 (Pleno de la Suprema Corte de Justicia de la Nación Abril de 2007).

Tratados Internacionales. Admiten diversas denominaciones, independientemente de su contenido., Tesis: 2a./J. 10/2007 (Segunda Sala de la Suprema Corte de Justicia de la Nación Febrero de 2007).

Trejo Osornio, L. A. (2010). *La objeción de conciencia en México. El derecho a disentir* (Primera ed.). Distrito Federal, México: Porrúa.

U.S. Supreme Court. CLAY, aka ALI v. UNITED STATES, Case No.: 403US698 (Supreme Court Justices 28 de June de 1971). Obtenido de http://www.aavw.org/protest/ali_alivus_abstract08.html

Universidad Veracruzana. Coordinación Universitaria de Transparencia y Acceso a la Información 320/2012. (21 de Junio de 2012). Solicitud de Información Pública. Número de folio: 320/2012. Xalapa, Veracruz, México: Universidad Veracruzana.

Universidad Veracruzana. Coordinación Universitaria de Transparencia y Acceso a la Información. 345/2012. (05 de Julio de 2012). Solicitud de Información Pública. Número de folio: 345/2012. Xalapa, Veracruz, México: Universidad Veracruzana.

Vallarta Plata, J. G. (2006). *La protección de los derechos humanos régimen internacional* (Primera ed.). Distrito Federal, México: Porrúa.

Velasco, M. (2011). *¿Qué es la justicia?* (Primera edición ed.). Buenos Aires Argentina: Eudeba, Editorial Universitaria de Buenos Aires, Sociedad de Economía Mixta.

Zarzuri Cortés, R., & Lecourt Kendall, J. (s.f.). *Archivo Chile.* Recuperado el 31 de Enero de 2013, de CEME - Centro de estudios Miguel Enríquez - Archivo Chile: http://www.archivochile.com/Poder_Dominante/ffaa_y_orden/Sobre/PDffaasobre0025.pdf

Ziegler, H. F. (2008). El legado de la II Guerra Mundial. Microsoft Encarta.

www.ingramcontent.com/pod-product-compliance
Lightning Source LLC
Chambersburg PA
CBHW051449170526
45166CB00001B/180